2017
年

国外教育法治动态

WORLD EDUCATIONAL NOMOCRACY（2017）

王云龙　主编

社会科学文献出版社
SOCIAL SCIENCES ACADEMIC PRESS (CHINA)

前　言

　　《2017 年国外教育法治动态》是教育部教育立法基地——东北师范大学国际教育法治研究中心《国外教育法治动态》（月报）2017 年全年结集本。在教育部政策法规司的指导和东北师范大学的支持下，围绕国家教育立法和教育公共政策的重大问题，2017 年《国外教育法治动态》主要刊发以下内容。（1）为制定学前教育法提供智力支持。刊发《美育导向的法国学前教育法律政策》（《国外教育法治动态》2017 年第 5 期）、《追求均衡化——发达国家学前教育立法取向》（《国外教育法治动态》2017 年第 6 期）。（2）为完善职业教育法提供域外借鉴。刊发《瑞士职业与专业教育培训法》（上、下）（《国外教育法治动态》2017 年第 1、2 期）、《瑞士联邦职业教育与培训局条例》（《国外教育法治动态》2017 年第 4 期）、《韩国〈产业教育振兴与产学研合作促进法〉》及续（《国外教育法治动态》2017 年第 7、8 期）。（3）针对教育领域重大突发事件提供决策参考。刊发《协同施治——发达国家预防与惩治儿童性侵害的法律体系》（《国外教育法治动态》2017

年第 11 期）、《全方位防范——发达国家防止儿童虐待的立法取向》（《国外教育法治动态》2017 年第 12 期）。（4）为"双一流"建设、全面提高高等教育质量提供参考经验。刊发《印度理工学院法案》（《国外教育法治动态》2017 年第 3 期）。（5）为终身教育法拟制提供立法参考。刊发《日本终身教育法治化模式述析》（《国外教育法治动态》2017 年第 9 期）、《韩国〈终身教育法〉》（《国外教育法治动态》2017 年第 10 期）。

《2017 年国外教育法治动态》是我主持的教育部教育法治重大课题委托研究项目——《世界主要国家教育法治研究》（项目号：JYBZSF2015005 号）的成果之一。《国外教育法治动态》和东北师范大学国际教育法治研究中心的其他工作，得到教育部政策法规司副司长王大泉、教育部法制办公室副主任韩燕凤和翟刚学、东北师范大学党委书记杨晓慧及校长刘益春和副校长韩东育等领导的悉心指导和大力支持，在此深表感谢！《2017 年国外教育法治动态》各位作者和译者，都是《世界主要国家教育法治研究》项目组的年轻成员，他们以晨光的朝气和昂扬的干劲，书写着国际教育法治研究的青春之歌！

王云龙

2018 年 4 月 19 日

目　录

第1期

《瑞士职业与专业教育培训法》（上）

李 彬 译 陈银洁 校

内容提要

第一章 总则

第一条 原则

1. 联邦、各州以及专业机构（社会合作团体、行业协会、其他组织，以及中、高等职业教育培训机构）应共同承担中等职业教育培训（Vocational Education and Training，简称 VET）和高等专业教育培训（Professional Education and Training，简称 PET）的责任，并保证为学生提供足够的中、高等职业教育培训课程，尤其是职业前景广阔的领域。

2. 联邦政府应采取各种措施，为各州及职业机构提供经济支持及其他资源，鼓励创新职业教育。

3. 为完成本法目标：

（1）联邦、各州及职业机构应当协同合作；

（2）各州及职业协会也当开展合作。

第二条　对象与范围

1. 除高等教育外，本法适用于所有职业领域：（国际标准教育分类法 5A）

（1）中等职业教育与培训，包括为准备联邦职业学历考试的通识教育课程；

（2）高等专业教育与培训；

（3）职业继续教育与培训；

（4）资格程序，资格与学历；

（5）针对中等职业教育及高等专业教育的专业人员培训；

（6）与职业、教育及职业生涯指导相关的责任与原则；

（7）资助中等职业教育培训和高等专业教育培训的联邦基金。

2. 本法不适用于其他联邦法案规定的教育与培训。

3. 为了有效分配联邦与各州之间的各项任务，瑞士联邦委员会与州协商后，可以排除本法范围内的个别职业或专业领域。

第三条　目标

本法应当：

1. 帮助个人实现职业、专业及个人综合素质发展，使其与社会接轨，尤其是与劳动力市场接轨，训练其所需技能，培养其以灵活方式工作的意愿，增强其在劳动力市场中的竞争力。

2. 发展职业教育与专业培训体系，增强企业竞争力。

3. 促进社会和区域性教育培训的机会均等，帮助实现真正的性别平等，消除对残疾人的歧视。

4. 帮助学生能从一种学习课程/教育方法，顺利过渡到职业教育培训和高等专业教育培训系统内或系统间的其他课程或教育方法（渗透性）。

5. 使职业教育与专业培训制度更透明化。

第四条　职业与专业教育培训体系的发展

1. 为了发展职业与专业教育培训体系，联邦应当支持对试点项目和职业与专业教育培训体系相关领域研究的创新性及可行性。

2. 联邦应当参与任何能够促进职业与专业教育培训体系发展的活动。

3. 必要情况下，经与各州及专业机构商议后，针对一些试点项目，联邦委员会可暂缓实施本法的某些条款。

4. 由资深的研究机构对职业与专业教育培训质量进行独立研究。

第五条 信息、文件和教学材料

联邦应：

1. 为瑞士联邦或联邦内各语言地区提供重要信息及文件。

2. 为其他语言区编著教学材料。

第六条 不同语言地区之间的理解和交流

1. 联邦应当完善职业与专业教育培训方案，促进不同语言地区之间的相互理解与交流。

2. 重点建设：

（1）各类多语制。尤其是对相关教师的语言指导与培训制定标准。

（2）各类派遣方案。由各州、行业协会和企业派遣教师和学生到其他语言地区进行学习。

第七条 扶持落后地区和弱势群体

联邦应当积极完善职业与专业教育培训方案，扶持落后地区和弱势群体。

第八条 提高质量

1. 中等职业教育培训机构和高等专业教育培训机构有责任确保质量的不断提高。

2. 联邦应当推动提高质量，制定质量标准，并监督执行。

第九条 鼓励教育系统内的渗透性

1. 中等职业教育培训和高等专业教育培训部门的相关规定必须保证两部门内部之间、两部门之间、两部门与其他教育系统之间的最大渗透性。

2. 在适当情况下，在正规教育与训练途径外（非正规学习）获得的技术和综合技能、知识和技巧，或专业与非专业经验（非正式学习）也应获得认可，并承认其有效性。

第十条 受教育者的知情权

主办公司和中等职业教育培训学校应当尊重受教育者的知情权。

第十一条 私营教育机构

1. 本法制定的措施不得造成不公平的扭曲竞争，不得影响教育市场中的私营机构。

2. 公立学校与没有政府补贴的私营学校竞争时，职业继续教育培训（CRT）课程方面应按照市场价格收取学费。

第二章 中等职业教育培训（VET）

第一节 总则

第十二条 中等职业教育培训准备

对于完成义务教育，但学业未达标的学生，各州应采取措施协助安排中等职业教育培训的课程。

第十三条 学徒市场的失衡现象

如果学徒市场已经出现或将要出现失衡现象，联邦议会须在规定的时间内采取适当措施，投入资金，恢复其平衡发展。

第十四条 学徒合同

1. 学生和主办公司应签订学徒合同。除非本法提供相关合同，否则学徒合同应遵循《义务守则》（SR 220）"学徒合同"的条款。

2. 学徒合同的签订，应确保中等职业教育培训课程的完整性。如果工作实训涉及多个不同公司的学徒，所签订的学徒合同须保证每个学徒合同期的延续性。

3. 学徒合同必须经各州地方当局批准。不收取任何批准费用。

4. 正常情况下，如果学徒合同期满，提供培训的主办公司必须及时通知地方当局和中等职业教育培训学校。

5. 如果主办公司违反法律规定、终止合同或不再提供工作实训，各州必须保证学生能够以适当的方式完成中等职业教育培训课程。

6. 本条例同样适用于未签订学徒合同、提交未批准或逾期批准等情况。

第二节 结构

第十五条 学习科目

1. 中等职业教育培训课程旨在帮助学生转换到并获得中

等水平技能、知识和技术（以下简称"能力"）。这些能力是在职业、职业领域或活动领域（后两项以下统称"职业活动"）中必备的。

2. 中等职业教育培训课程重点包括以下内容：

（1）学生必备的特殊能力，以胜任职业活动；

（2）学生基本的语言、交流和社会（Language，Communication and Society，简称 LCS）能力，帮助其进入劳动力市场，保持经济活力，融入社会；

（3）学生所需的经济、环境、社会和文化的知识与技能，促进可持续发展；

（4）终身学习、决策以及完成目标的能力与意愿。

3. 义务教育毕业生或具有同等学力者，可进入中等职业教育培训。联邦议会须设定中等职业教育培训的最低入学年龄标准。

4. 第二语言的义务教学遵循中等职业教育培训的规定。

5. 体育课教学遵循 2011 年 6 月 17 日的《体育促进法》（SR 415.0）。①

第十六条 中等职业教育培训的组成部分、教学场所与责任

1. 中等职业教育培训课程须涵盖以下各部分：

---

① 2012 年 6 月 17 日修订《体育促进法》第 34 条第 3 款，自 2012 年 10 月 1 日起实施（AS 2012 3953；BBI2009 8189）。

（1）工作实训（学徒制）；

（2）课堂教学，包括职业课程和语言、交往、社会课程；

（3）如果额外培训可以满足职业活动的需求，则作为以上两部分的补充。

2. 中等职业教育培训场所如下：

（1）工作实训应设置在主办公司、公司网络、中等贸易学校、中等商业学校或其他认证的工作实训机构；

（2）课堂教学场所应设置在中等职业教育培训学校，课程包括职业课程和语言、交往、社会课程；

（3）其他教学场所应设置在培训中心分部或第三方培训中心，以补充工作实训和课堂教学的不足。

3. 依据职业活动要求，须制定相应的中等职业教育培训章程。对第1款所指的中等职业教育培训课程的三部分内容进行分配、建构以及投入时间安排。

4. 学徒合同规定学生的义务。如果未签订学徒合同，学习场所决定学徒的相关义务。

5. 为了完成中等职业教育培训的课程目标，主办公司、中等职业教育培训学校和分公司培训中心应展开协作。

第十七条　中等职业教育培训项目的类型和学习时间

1. 中等职业教育培训课程分为两年、三年、四年学制。

2. 完成两年制的职业教育培训课程后，学生须通过毕业考试获得联邦中等职业教育培训证书（Federal VET Certificate）。两年制的职业教育培训课程旨在满足学生的具体需求。

3. 完成三年或四年制的职业教育培训课程后，学生须通过毕业考试获得联邦中等职业教育培训文凭（Federal VET Diploma）。

4. 为获得联邦中等职业教育培训文凭的中等职业教育培训课程，包括联邦职业学位考试（FVB Examination）中的部分选修科目。

5. 通过非正规或非正式方式学习获得的能力，通过资格考试后可获得联邦中等职业教育培训文凭。

第十八条　考虑个体需求

1. 中等职业教育培训课程的学时可以根据学生情况缩短或延长，以便于有天赋者、已获得相关培训者以及有学习障碍者或残疾者的学习。

2. 在两年制的中等职业教育培训课程中，联邦委员会应当为学习障碍者制定个人辅导的特殊规定。

3. 联邦应当提供资金，支付单独辅导费用。

第十九条　中等职业教育培训条例

1. 国家教育及研究秘书处（SERI）① 应当为每项中等职

---

① 条款依照 2012 年 6 月 15 日《条例》第 1 条第 8 款（重组部门），2013 年 1 月 1 日起实施（AS 2012 3655）。此项修正贯穿全文。

业教育培训课程制定教育条例。教育条例可以根据专业机构的要求或自身要求进行制定。

2. 中等职业教育培训条例重点包括以下各方面：

（1）中等职业教育培训课程的学习科目和相应的课时；

（2）工作实训的目标与要求；

（3）课堂教学的目标与要求；

（4）不同学习场所中学习内容与内容分配；

（5）资格考试程序、资格与学位。

3. 非正规教育或非正式教育的资格考试程序的认证，应当遵循相应的中等职业教育培训条例。

4. 2014年9月26日《联邦法》第4条撤销此条，自2016年1月1日起实施（AS 2015 3977；BBl 2013 7057）。①

第三节　教育机构

第二十条　主办方

1. 负责工作实训的主办单位应保障学生取得最大进步，并阶段性地监测学生进步程度。

2. 主办方首先需要获得州地方当局的认证，才能为学生提供符合中等职业教育培训要求的培训。认证免费。

---

① 发表于2004年6月18日第2号《出版法》第21条（AS 2004 4929；BBI 2003 7711）。

第二十一条　中等职业教育培训学校

1. 中等职业教育培训学校负责中等职业教育培训的课堂教学，包括职业课程和语言、交往、社会课程。

2. 中等职业教育培训学校有以下教育独立执行权：

（1）在职业课程和语言、交往、社会课程中，帮助学生发展个性和社会技能；

（2）帮助学习者开发潜能，为有特殊天赋或学习障碍学习者提供特殊课程；

（3）在课程设计方面，促进真正的性别平等，反对歧视残疾人。

3. 学生必须参加中等职业教育培训课程学习。

4. 中等职业教育培训学校可以开设高等专业教育培训和职业继续教育培训的课程。

5. 中等职业教育培训学校可以和一些职业组织或公司共同组织安排分支课程或第三方训练课程，作为中等职业教育培训的额外训练。

6. 为促进各类中等职业教育培训学生共同协作，中等职业教育培训学校可以组织合作活动。

第二十二条　中等职业教育培训学校提供的课程

1. 开展工作实训的各州，务必保证中等职业教育培训学校所提供的培训内容满足实际需要。

2. 必修课免费。

3. 在主办公司或中等职业教育培训学校培训期间，如果学生符合条件，则可以不减薪参与选修课，但须获得主办公司同意。如双方未达成一致，应当由州地方政府裁决。

4. 为顺利完成中等职业教育培训课程，学校要求学生参与补习课程，学校、公司和学生达成一致后方可安排课程。如果三方未达成一致，应由州地方当局裁决。学生可以在不影响薪酬的情况下进行补习。

5. 应行业协会要求，国家教育及研究秘书处可以授权设置州际专业课程，但须符合下列条件：课程有利于更有效地完成教学目标；课程能够促进主办公司为学生提供符合中等职业教育培训要求的工作实训；不收取额外费用；使学生受益。

第二十三条 分支课程和类似第三方培训课程

分支课程和类似第三方培训课程应确保学生转换和学习基础技能。在满足职业活动的前提下，这些课程旨在补充中等职业教育培训课程的工作实训与课堂教学。

1. 各州须与专业机构共同合作，确保提供充足的分支课程和类似第三方培训课程。

2. 学生必须参加分支课程学习。应主办公司要求，如果学生在工作实训中心或中等行业学校的培训课程内容与分支课程相同，各州可以解除对学生参加分支课程的要求。

3. 分支课程和类似第三方培训课程的组织者可以要求相

关实习公司或中等职业教育培训学校支付适当费用。为避免不良竞争，组织分支课程和类似第三方培训课程的专业协会，可以要求非成员公司支付较高的费用。

4. 联邦委员会须制定费用分摊办法。

第四节　监督

第二十四条

1. 各州应当全面监督中等职业教育培训课程。

2. 监督工作应当包括制定条例，综合协调学徒合同双方以及中等职业教育培训与学生之间的关系，提供指导建议。

3. 监督工作包括：

（1）保证工作实训的质量，包括分支课程和类似第三方培训课程；

（2）保证中等职业教育培训课堂的教学质量；

（3）监督考试和其他资格考试程序；

（4）保证学徒合同符合法定条例；

（5）保证学徒合同双方遵守合同的条款。

4. 如中等职业教育培训、高等专业教育培训教育机构和学习者联合要求，各州则须裁定下列事项：

（1）第17条中第5款所指的非正规、非正式教育的认证；

（2）第18条第1款所指的情况。

5. 在监督工作的范围内，各州可以：

（1）收回第 52 条第 2 款第 2 项中拨给第三方全部或部分的联邦经费；

（2）终止学徒合同。

第五节 联邦职业学位

第二十五条

1. 联邦职业学位（Federal Vocational Baccalaureate，简称 FVB）表明学位持有者具有应用科技大学的必备知识和技能。

2. 在获得联邦中等职业教育培训学位后，学生可以学习第 17 条第 4 款规定的通识教育科目。

3. 为联邦职业学位考试，各州应当确保设置足够的预科课程。

4. 公立学校不收取联邦职业学位考试的预科通识教育学费。提供类似通识课程的私立学校可申请联邦/州基金。

5. 联邦委员会应当制定申请联邦职业学位的章程。

第三章 高等专业教育培训（PET）

第二十六条 目标

1. 高等专业教育培训旨在帮助学生转换并获取高水平能力，使其能够在特定职业上完成复杂的任务，并具有决策能力。

2. 联邦中等职业教育培训文凭、联邦中等职业教育培训以上文凭，或同等学力者可以参加高等专业教育的培训课程。

第二十七条　高等专业教育培训形式

通过以下方式，可以参加高等专业教育培训学习。

1. 参加联邦高等专业教育培训文凭（Federal PET Diploma）考试或联邦高级专业教育文凭（the Advanced Federal PET Diploma）考试。

2. 学习联邦认证的高等专业教育培训大学的学位课程。

第二十八条　联邦高等专业教育培训（Federal PET）考试

1. 学生须具备某种程度的专业经验和技能，方能考取联邦高等专业教育培训文凭或联邦高级专业教育文凭。

2. 相关的专业协会须制定入学要求、课程内容、资格考试程序、资格与学位，同时须考虑学生已完成的学业课程。上述规定应由国家教育及研究秘书处获准。此类规定将以征询方式公开发表在《联邦公报》（SR 170.512）上，① 并参考 2004年 6 月 18 日《出版法》第 13 条第 1 款（g）和第 3 款。

---

① 源自 2004 年 6 月 18 日《出版法》第 2 章第 21 条，自 2005 年 6 月 1 日起实施（AS 2004 4929；BBI 2003 7711）。

3. 联邦委员会应当制定获准的要求与程序。

4. 各州可以提供预科课程。

第二十九条　高等专业教育培训大学（PET Colleges）

1. 学习者参加联邦认证的高等专业教育培训课程，必须具备足够的专业经验，除非这些专业经验涵盖在培训课程中。

2. 全日制课程学习实践至少两年，包括主办公司培训的时间。非全日制学习实践至少三年。

3. 联邦经济教育与研究部（EAER）① 须与专业协会共同制定标准，制定联邦认证的高等专业教育培训大学学位课程和职业继续教育培训（CET）课程的最低要求；同时，制定入学标准、课程内容及资格考试程序、资格和学位。

4. 各州可提供各自的学习课程。

5. 各州须负责全面监督各高等专业教育培训大学提供的联邦认证学习课程。

第四章　职业继续教育培训（CET）

第三十条　目标

通过构建学习过程，使职业继续教育培训的学生：

---

① 条款依照 2012 年 6 月 15 日《条例》第 1 条第 8 款（重组部门），2013 年 1 月 1 日起实施（AS 2012 3655）。该项修正贯穿全文。

1. 更新、加深、拓宽现有专业能力，并获得新的专业能力；

2. 保持专业的灵活性。

第三十一条 职业继续教育培训课程

各州须提供充足的职业继续教育培训课程。

第三十二条 联邦采取的措施

1. 联邦应当支持职业继续教育培训。

2. 联邦应为职业继续培训教育提供资金，使学生：

（1） 在失业时仍能维持积极的经济状态；

（2） 在工作周比例被缩减或完全失业的情况下，找到新工作。

3. 联邦须发展各项措施，促进职业继续教育培训的协调性，增强透明度，完善质量。

4. 获得联邦资助的职业继续教育培训必须与 1982 年 6 月 25 日《失业保险法》（SR 837.0）中劳动力市场措施相一致。

第五章 资格考试程序、资格和学位

第一节 总则

第三十三条 考试和其他资格考试程序

专业能力须建立在以下基础上：综合考核、一系列科目考核和由国家教育及研究秘书处认证的其他资格考试程序。

第三十四条　资格考试程序的条件

1. 联邦委员会须制定申请资格考试程序的规则，负责确保资格考试程序的质量和一致性。资格考试程序的评价标准必须保证客观、透明、平等。

2. 特定科目的学习不作为获得资格考试程序的准入条件。国家教育及研究秘书处应制定考生获取资格考试程序标准。

第三十五条　推进其他资格考试程序

联邦须为各机构组织提供资金，发展和完善其他资格考试程序。

第三十六条　学位保护制度

只有中等职业教育培训资格和高等专业教育培训资格的持有者，才能合法拥有相应条例规定的学位。

第二节　中等职业教育培训

第三十七条　联邦中等职业教育培训证书

1. 通过结业考试或能力获得同等资格考试程序认证者，可获得联邦职业教育培训证书。

2. 各州地方当局颁发联邦中等职业教育培训证书。

第三十八条　联邦中等职业教育培训文凭

1. 通过结业考试，或其能力获得同等资格考试程序者可获得联邦中等职业教育培训文凭。

2. 各州地方当局须颁发联邦中等职业教育培训文凭。

第三十九条 联邦中等职业学位

1. 联邦中等职业教育培训文凭获得者，并通过联邦职业学位考试或同等资格考试，可以获得联邦职业学位。

2. 在 2011 年 9 月 30 日《高等教育法》2.2 条中撤销，于 2015 年 6 月 1 日起实施执行（AS 2014 4103；BBl 2009 4561）。

3. 各州组织联邦中等职业教育培训学位考试，并颁发联邦中等职业学位证书。联邦也可以组织联邦中等职业学位考试。

第四十条 资格考试程序

1. 各州负责组织资格考试程序。

2. 应要求，国家教育及研究秘书处可以委任专业协会组织，对瑞士特定区域或全国范围内实施资格考试程序。

第四十一条 考试费用

1. 联邦中等职业教育培训证书、文凭或学位证书的考试，不向学习者和主办公司收取任何费用。

2. 无故缺考者及重试者须缴纳相关费用。

第三节 高等专业教育培训

第四十二条 联邦高等专业教育培训考试

1. 联邦高等专业教育培训文凭和联邦高级专业教育培训文凭的考试，须遵循本法第 28 条第 2 款的规定。

2. 联邦负责此类考试的全面监督。

第四十三条 联邦高等专业教育培训文凭、联邦高级专业教育培训文凭注册

1. 通过联邦高等专业教育培训文凭、联邦高级专业教育培训文凭考试者可获得相应的文凭。

2. 国家教育及研究秘书处颁发联邦高等专业教育培训文凭、联邦高级专业教育培训文凭。

3. 国家教育及研究秘书处对联邦高等专业教育培训文凭及联邦高级专业教育培训文凭持有者进行姓名公开登记。

第四十四条 高等专业教育培训大学

1. 通过高等专业教育培训大学的毕业考试，或通过同等能力资格考试者可获得高等专业教育培训学位。

2. 考试程序和同等能力资格考试程序，须遵循本法第 29 条第 3 款规定的最低标准要求。

第2期

《瑞士职业与专业教育培训法》（下）

李彬 译 陈银洁 校

内容纲要

第六章　中等职业教育培训与高等专业教育培训的专业人员培训

第四十五条　中等职业教育培训师要求

1. 中等职业教育培训师负责中等职业教育培训课程的工作实训部分。

2. 中等职业教育培训师须受过相关技术领域的专业训练及充分的教学方法培训。

3. 联邦委员会必须对中等职业教育培训师的培训要求制定最低标准。

4. 各州必须保证中等职业教育培训师接受充分的培训。

第四十六条　教师要求

1. 中等职业教育、高等专业教育及职业继续教育培训的教师须受过相关技术领域及教学方法的培训。

2. 联邦委员会须制定最低标准，对教师们的工作作出要求。

第四十七条　其他中等职业教育培训与高等专业教育培训的专业人员

联邦应当为中等职业教育培训与高等专业教育培训的其他专业人员开设培训课程，如培训检查员和其他相关工作者。

第四十八条　促进职业教学法（Vocational Pedagogy）；瑞士联邦职业教育培训学院（SFIVET）

1. 联邦应当促进职业教学法。

2. 为达成目标，联邦须建立高等教育机构，负责下列事项：

（1）为中等职业教育培训、高等专业教育培训的专业人员，特别是中等职业教育培训的教师，提供基础、持续的培训，但不可与各州开展的类似活动重叠；

（2）为中等职业教育培训、高等专业教育培训和职业继续教育培训部门开展调查、研究、试点项目，以及提供相关服务。

3. 联邦委员会可委任瑞士联邦职业教育培训学院，为瑞士的整体利益服务。

4. 联邦议会规定瑞士联邦职业教育培训学院在不同地区建立学校，方便服务各州和各语言地区。

5. 联邦职业教育培训学院所有财务、预算和经济规划应遵循1989年10月6日颁布的《经济预算法》第6条。① 特殊情况下，联邦委员会可突破常规，促进联邦职业教育培训学院高效执行任务。

6. 瑞士联邦职业教育培训学院可对其提供的培训和服务收费。联邦委员会须颁布实施细则。

7. 联邦委员会可代表瑞士联邦职业教育培训学院，或双方共同联合，与各州共同设计新的课程或认证现有课程。

8. 瑞士联邦职业教育培训学院应与合适的教育培训机构

---

① AS 1990 985, 1995 836 No II, 1996 3042, 1997 2022 Annex No 2 2465 Annex No 11, 1998 1202 Art. 7 No 3, 2847 Annex No 5, 1999 3131, 2000 273 Annex No 7, 2001 707Art. 31 No 2, 2002 2471, 2003 535, 3543 Annex No II 7 4265 5191, 2004 1633 No I 61985 Annex No II 3 2143. AS 2006 1275 Art. 64. For the current version, see Financial Budget Act of 7 October 2005 (SR 611.0).

合作。

第四十八条 a① 商业服务

1. 瑞士联邦职业教育培训学院可以为第三方提供商业服务，服务内容如下：

（1）与其核心活动紧密相关；

（2）不妨碍完成其核心活动；

（3）不要求额外的物质或人力资源。

2. 商业服务的收费价格必须至少满足活动开支费用。联邦经济教育与研究部（EAER）可对一些不与私营机构竞争的服务准许特殊批准。

第七章 职业、教育与就业指导

第四十九条 总则

1. 职业、教育与就业指导，在职业选择、课程学习和就业方面帮助青年人和成年人作出正确选择。

2. 职业、教育与就业指导包括提供信息和个人指导。

第五十条 指导顾问的资格

1. 职业、教育与就业指导顾问须接受联邦认证的培训。

---

① 插自 2010 年 6 月 18 日《联邦法》附录 1，自 2011 年 1 月 1 日起实施（AS 2010 5003；BBl 2009 7207）。

2. 联邦委员会须制定认证课程学习的最低标准。

第五十一条　州政府（Cantonal Authority）任务

1. 各州应提供职业、教育与就业指导。

2. 各州应当保证职业、教育与就业指导符合 1982 年 6 月 25 日《失业保险法》（SR 837.0）"劳工市场"的规定条款。

第八章　中等职业教育培训与高等专业教育培训的联邦津贴；职业教育培训基金

第一节　中等职业教育培训与高等专业教育培训的联邦津贴

第五十二条　总则

1. 在获批预算内，联邦须提供拨款，适当补贴本法中等职业教育培训与高等专业教育培训的部分费用。

2. 联邦须向各州提供总经费，使各州能够执行第 53 条所指的任务。各州须把补贴按比例拨发给受委任的第三方机构。

3. 联邦须把剩余比例经费拨发给：

（1）各州和第三方机构，用于发展和完善中等职业教育培训和高等专业教育培训质量的项目（第 54 条）；

（2）各州和第三方机构，用于实施为公共利益服务的具体活动（第 55 条）；

（3）第三方机构，组织联邦专业教育培训文凭考试、联邦高级专业教育培训文凭考试、联邦专业教育培训大学学位计划（第56条）。

第五十三条　各州经费总额

1. 联邦拨发给各州的经费总额，主要以中等职业教育培训的学生数量为预算基础。充分考虑中等职业教育培训的范围、类型以及高等专业教育培训的普及性。联邦委员会可考量其他标准。①

2. 经费总额须用于以下目的：

a. 教育与培训

（1）中等职业教育培训两年制学生的单独辅导（individual tutoring）（第18条第2款）；

（2）中等职业教育培训学生的准备措施（第12条）；

（3）中等职业教育培训学校（第21条）；

（4）分支课程和类似第三方培训课程（第23条）；

（5）联邦职业学位考试预科中的通识教育（第25条）；

（6）联邦专业教育培训考试的预科课程（第28条）；

（7）高等专业教育培训大学的学位课程（第29条）；

（8）职业继续教育培训（第30～32条）；

---

① 由2006年10月6日《联邦法》附录2.4"财政均等新体制和联邦与州之间的任务配置"部分修订，2008年1月1日起实施（AS 2007 5779; BBl 2005 6029）。

（9）中等职业教育培训师的培训（第45条）；

（10）职业、教育、就业指导顾问的资格（第50条）；

b. 考试和其他资格考试程序（第40条第1款）遵循本法第52条第3款第3项的规定。

第五十四条　发展职业教育课程与完善质量的项目补贴

本法第4条第1款规定，发展中等职业教育培训和高等专业教育培训的项目补贴，以及第8条第2款完善质量的项目补贴，仅在限期内拨放。

第五十五条　公共服务活动补贴

1. 其他公共服务活动包括：

（1）促进真正的性别平等，帮助残疾人接受教育与职业继续教育培训（第3条第3款）；

（2）提供信息和文件（第5条第1款）；

（3）为其他语言区编著教学材料（第5条第2款）；

（4）增进不同语言区域与群体间的交流和理解（第6条）；

（5）扶持落后地区和弱势群体（第7条）；

（6）帮助青年人克服学习、语言以及交流障碍，增加其参与职业教育的机会（第7条）；

（7）协助他们维持就业状态或找到新工作（第32条第2款）；

（8）提高中等职业教育的合作能力、透明度和质量（第32条第3款）；

（9）完善其他资格考试程序（第35条）；

（10）保持以及扩大学徒制课程（第1条第1款）。

2. 公共服务补贴仅用于长期公共服务计划。

3. 联邦委员会可决定有资格获得津贴的公共服务。

4. 联邦委员会须制定补贴发放标准。

第五十六条 联邦高等专业教育文凭考试、联邦高级专业教育文凭考试及高等专业教育培训学院学位课程的补助金

联邦须提供津贴支持联邦高等专业教育文凭考试、联邦高级专业教育文凭考试及专业协会建议的高等专业教育培训学院学位课程。

第五十七条 条件和要求

1. 第53~56条所指的补贴，要求活动：

（1）符合实际需要；

（2）妥善地组织；

（3）包括充分的质量改进措施。

2. 联邦委员会可制定附加的条件和要求，并规定补贴计算总额。

第五十八条 减少或扣缴补贴

如果补贴接收方严重忽视或没有履行本法规定的义务，联邦将减少部分获批的补贴或扣缴新的补贴。

第五十九条 联邦基金的预算、分配

1. 针对若干年的补贴期项目，联邦议会须颁发程序简单的法令，批准如下（事项）：

（1）第 53 条中给予各州固定补贴的支出限额；

（2）第 54 条提及项目补贴的担保预算。对第 55 条特定公共服务的担保预算，对第 56 条联邦高等专业教育文凭考试、联邦高级专业教育文凭考试，以及专业协会组织的专业教育学院学位考试的担保预算。

2. 依照本法分配原则，联邦教育基金补助的份额应为中等职业教育与高等专业教育公共开支的 1/4。其中 10% 由联邦分配给第 54 条和第 55 条所指的项目和活动。

第二节　职业教育培训基金（VPET Funds）

第六十条

1. 为了促进职业教育的发展，负责中等职业教育、高等专业教育、职业继续教育培训及相应考试的专业协会，须设立和维护各自的职业教育基金。

2. 专业组织须对每个职业教育基金的目的进行说明，尤其是用于各个部门开展特定职业教育领域活动的基金。

3. 应相关专业协会要求，联邦委员会可规定特定经济行业内所有企业的职业教育培训基金，并要求每家企业对该项基金作出贡献（SR221.215）。

4. 符合基金规定（mandatory）的要求如下：

（1）在特定（给定/规定）的经济行业内，30% 的企业或 30% 的员工和学习者对职业教育基金进行捐赠；

（2）专业协会拥有各自的培训机构；

（3）基金仅供特定行业内的职业使用；

（4）基金须用于使特定行业内所有企业受益的职业教育的计划方案。

5. 职业教育基金的捐赠形式和金额，取决于专业协会成员对中等职业教育与高等专业教育费用的捐赠总额。支付职业教育费用的基金份额。联邦须设立最高捐赠额度，不同经济行业的最高捐赠额度不同。

6. 如果某些企业对职业教育费用的捐赠已经包含在其所属行业协会的会员费中，或其能证明已对职业教育或职业继续教育培训提供等量的服务，可免除其对职业教育基金的捐赠费用。

7. 国家教育及研究秘书处须负责对职业教育基金进行全面监督。国家教育及研究秘书处须颁布条例规范该项基金的会计和审计工作。

第九章 申诉，刑事条例，实施

第一节 申诉

第六十一条

1. 申诉机关为：

（1）各州选举的一个地方机关，执行由各州或与各州签订合约的职业教育机构达成的决议；

（2）国家教育及研究秘书处执行由联邦外的专业协会达成的决议；①

（3）和（4）由 2005 年 6 月 17 日颁布的《行政法院法案》第 35 条撤销，自 2007 年 1 月 1 日起实施（AS 2006 2197 1069；BBl 2001 4202）。

2. 所有其他案件遵守联邦行政程序的总条例。

第二节　刑事条例

第六十二条　违法

1. 任何提供工作实训的人：

（1）没有获得第 20 条第 2 款所指的许可；

（2）超出学徒合同的范围（第 14 条）；可处罚款。

2. 对于情节较轻者，可发表官方谴责予以批评。

第六十三条　滥用学位（abuse of title）

1. 任何人：

（1）没有通过规定考试或获得同等资格程序的认证而持有合法的学位；

（2）未获学位，却非法使用学位；可处罚款。

---

① 2007 由 2005 年 6 月 17 日《行政法院法案》附录第 35 条修正，自 2007 年 1 月 1 日起实施（AS 2006 2197 1069；BBl 2001 4202）。

2. 保留1986年12月19日《联邦法案》①关于不正当竞争的刑事条文。

第六十四条　诉讼

各州负责诉讼。

第三节　实施

第六十五条　联邦

1. 联邦委员会必须发布实施条例，除部分法律规定的条例外。

2. 联邦委员会可委任联邦经济教育与研究部（EAER）和国家教育及研究秘书处制定章程。

3. 联邦委员应先咨询各州及相关专业协会，方可制定：

（1）实施条例；

（2）中等职业教育培训法规。

4. 联邦必须确保各州执行本法。

第六十六条　各州

各州须负责实施联邦事务外的各项措施。

第六十七条　第三方任务委托

联邦和各州可以委派专业协会执行实施任务，并支付咨询

---

① SR 241.

费和服务费。①

第六十八条　国外资格认证；国际合作与动态发展

1. 联邦委员会须为国外中等职业教育和高等专业教育资格的认证制定标准，标准适用于本法范围内。

2. 基于自身职权，联邦可以达成国际协议，鼓励职业教育领域的国际合作，以及中等职业教育及高等专业教育内的动态发展。

第六十九条　职业与专业教育培训联邦委员会（EBBK）

1. 联邦委员会须建立职业与专业教育培训联邦委员会。

2. 职业与专业教育培训联邦委员会最多由 15 名代表组成，选自联邦和各州层面、专业协会以及学术界。各州有权提名 3 位成员。

3. 职业与专业教育培训联邦委员会由国家教育及研究秘书处②的国务秘书管理。

4. 国家教育及研究秘书处作为职业与教育培训联邦委员会的秘书处。

第七十条　职业与专业教育培训联邦委员会的任务

---

① 2004 年 12 月 17 日《联邦法》第 2 条，2005 年 10 月 5 日起生效（AS 2005 4635；BBl 2004 145）。

② 条款依照 2012 年 6 月 15 日《条例》第 1 条第 8 款（重组部门），2013 年 1 月 1 日起实施（AS 2012 3655）。该项修正贯穿全文。

1. 职业与专业教育培训联邦委员会须执行下列任务：

（1）对中等职业、高等专业教育的一般事项及与普通教育政策共同发展、合作、协调等提出建议；

（2）评估第54条中等职业及高等专业教育发展计划；对第55条公共服务活动基金的要求，对第56条高等教育专业活动基金的要求，对第48条第2款第2项所指的中等职业教育、高等专业教育、职业继续教育培训相关的教育调查、研究、试点、服务等活动进行评估。

2. 职业与专业教育培训联邦委员会的提议和建议应递交给与评估项目相关的补助基金机构。

第七十一条　联邦职业学历委员会（FVBC）

联邦委员会须设立联邦职业学历委员会。[①] 联邦职业学历委员会作为一个咨询机构，负责所有联邦职业学历事务，特别是资格考试程序的认证。

第十章　附则

第七十二条　现行立法的废除和修正

在附录中规定现行立法的废除和修正。

---

① 由 2011 年 11 月 9 日 1 号条例第 6 条第 2 款修正（Review of Extra-Parliamentary Commissions），自 2012 年 1 月 1 日起实施（AS 2011 5227）。

第七十三条　过渡性条款

1. 在本法开始实施的五年内，必须修正或取代适用的州和联邦教育条款。

2. 应继续保护受现行法律保护的条款。

3. 第53条第2款所指总额基金，在四年内分阶段执行。

4. 联邦须逐步提高四年内的补贴，直到补贴达到第59条第2款制定的标准。

第七十四条　公民公决与开始（commencement）

1. 本法遵循全民公决结果。

2. 联邦委员会决定本法案生效日期。

实施日期：2004年1月1日。①

附　录

现行立法的废除与修正

（一）下列法规予以废除：

1.1978年4月19日《联邦法》② "职业教育与培训"。

---

① 2003年11月19日《联邦委员会法令》。

② AS 1979 1687, 1985 660 No I 21, 1987 600 Art. 17 No 3, 1991 857 Annex No 4, 1992 288 Annex No 17 2521 Art. 55 No 1, 1996 2588 Art. 25 para. 2 and Annex No 1, 1998 1822 Art. 2, 1999 2374 No I 2, 2003 187 Annex No II 2.

2. 1992 年 6 月 19 日《联邦法》① "社会服务类高等专业教育学院财政补贴"。

（二）修正法规如下所述：

……②

---

① AS 1992 1973.

② 修正案可查阅 AS 2003 4557。

第3期
印度理工学院法案

陈银洁　编译

内容提要

2017 年 1 月，经国务院同意，教育部等部委联合发布《统筹推进世界一流大学和一流学科建设实施办法（暂行）》。纵观世界教育强国和新兴教育大国，一流大学、一流学科建设法治化是基本规律。为借鉴"一带一路"国家"双一流"建设经验，本期全文翻译《印度理工学院法案》。印度理工学院是国际社会公认的世界一流工科学府，其毕业生驰誉全球。英国《泰晤士报》大学排行榜把印度理工学院与麻省理工学院、加州理工学院并列为世界三大顶级理工学院。美国《商业周刊》把印度理工学院毕业生誉为"印度有史以来最具竞争力的出口产品"。

本法宣布印度理工学院为国家重点院校，规定各分校和坎普尔印度理工学院的相关事项。印度共和国第十二年，议会制定法案如下。

第一章　总则

第一条

（1）本法称为《1961年理工学院法案》。

（2）本法的实施日期由中央政府《官方公报》通知规定，各条款的实施日期不同。

第二条

鉴于孟买印度理工学院、德里印度理工学院、坎普尔印度理工学院、马德拉斯印度理工学院均为国家重要机构，特此宣布，上述每所学院都是国家重点院校。

第三条

除另有规定外，本法——

（a）"委员会"（board）指学校管理委员会（Board of Governor）。

（b）"主席"（chairman）指委员会的主席。

（c）"相关学院"（corresponding institute）指：

（1）孟买理工学院的相关团体、孟买理工学院；

（1a）德里印度理工学院的相关团体、德里印度理工学院；

（2）坎普尔印度理工学院的相关团体、坎普尔印度理工学院；

（3）马德拉斯印度理工学院的相关团体、马德拉斯印度理工学院；

（d）"理事会"（council）指根据第 31 条第（1）款设立的理事会。

（e）"副校长"（deputy director）指各学院的副校长。

（f）"校长"（director）指各学院的校长。

（g）"学院"（institute）指第 2 条所述的各学院，包括《1956 年（坎普尔）印度理工学院法案》法人组织的坎普尔理工学院。

（h）"注册主任"（register）指各学院的注册主任。

（i）"议事会"（senate）指各学院的议事会。

（j）"团体"（society）指根据《社会团体登记法案》（*Societies Registration Act*, 1860）登记的任何团体，即：

（1）孟买印度理工学院；

（1a）德里技术工程学院；

（2）坎普尔印度理工学院团体；

（3）马德拉斯印度理工学院；

（k）"章程和条例"指本法案制定的各学院的章程和条例。

第二章　学院

第四条

（1）本法第 2 条所述的各学院均是永久存续的法人团体，并持有公章，以其学院名称起诉和被起诉。

（1a）德里技术工程学院应当属此类法人团体，称为德里印度理工学院。

（2）上述各学院的法人团体应由1名主席、1名校长和其他委员会现任成员组成。

第五条

自本法实施之日起——

（a）任何法案（除本法外）、合同或其他文件提及的相关团体应视为各学院；

（b）所有属于团体的动产和不动产应归各学院所有；

（c）团体的所有权利和法律责任应归属各学院；并

（d）在本法实施前，各团体聘用职员，应行使相关学院的职责和服务，享有相同任期、酬薪、各项条件，以及养老金、休假金、退职金、福利基金和其他事项的权利和待遇。本法案对其不构成任何影响。除非雇佣期满，任期、酬薪、各项待遇按照法规进行适当调整。

如雇员不接受更改，学院可按照合同条款解除与其雇佣关系。如在合同中未对赔偿进行相关规定，可向终身职员补偿3个月酬薪，向其他职员补偿1个月酬薪。

（1）根据本法规定，各学院应行使下列权利、履行下列义务：

（a）按照其认为最合适的方式，为理、工、文各领域学科知识的学习与传播提供教育与研究服务；

（b）自主组织考试，颁发学历、学位以及其他学术荣衔和学衔；

（c）授予荣誉学位和其他荣衔；

（d）确定、收取学费和其他费用；

（e）修缮、管理学生宿舍；

（f）监督管理住宿情况，为各学院的学生管理制定规则，促进学生的健康发展，确保学生的公共福利，丰富学生的文化与集体生活；

（g）维护学院的国家青年团组织；

（h）设立学术岗位和其他岗位，并委任任职人员（除校长外）；

（i）起草、变更、修订或废除规章制度和管理条例；

（j）按学校认为有利于本校的方式处理一切属于或赠与该校的财物；

（k）根据具体情况，接受政府、遗嘱人、捐赠者或转让者的拨发款项、遗产、捐赠物以及转让物等动产或不动产；

（l）基于各学院共同利益，通过交换师资和学者的方式，同世界其他同类或相似教育机构或其他院校建立合作关系；

（m）设立并颁发助学金、奖学金、奖励和奖章；

（n）尽其所能，推动或达成学院整体或部分目标。

（2）第（1）款中的任何事项，学院未经视察员（visitor）的批准，不得以任何方式处置任何不动产。

第六条

（1）各学院应当不分性别、种族、教义、种姓阶级和阶层，对公众开放，在招生和教师职工的聘用及其他相关活动中，不得因宗教信仰和职业，制定附加考试或限制条件。

（2）如理事会认为某些条件或责任违背此条款的要旨和目标，学院不得接受遗赠、捐赠或转让的财产。

第七条

按照本法制定的章程和条例，学院的一切教学活动应以学院名义进行指导。

第八条

（1）各学院的视察员应为印度总统。

（2）视察员可直接指派一人或多人视察各学院的工作进展，调查事务，并向视察员提交报告。

（3）按照报告中待处理的相关事项，视察员实施任何其视为必要的措施，颁布指导方针，学院必须遵循该指导方针。

第九条

学院机构如下：

（a）学校管理委员会；

（b）议事会；并

（c）章程中规定的其他管理机构。

第十条

学院委员会由下列人员组成：

（a）主席，由视察员任命；

（b）校长，依据职权；

（c）由学院所在州或区域的地方政府提名，政府认为有声望的技术专家或企业家1名；

（d）理事会任命在教育、工程与自然科学领域具有专门知识和实践经验的专家4名；并

（e）议事会任命该学院教授2名。

说明：在本条款中，根据本法目标，"区域"一词为印度职业教育委员会的暂时性界定。

第十一条

（1）除本条另有规定外，从任命之日起，委员会主席和成员的任期应当为3年。

（2）职务委员（ex officio member）的任期应当与其作为任职成员的任期一致。

（3）根据第11条（e）款，任职成员的2年任期应从任职当年的1月1日开始。

（4）为弥补临时空缺而任命的成员，其任职成员应当接续其前任成员的剩余任期。

（5）除理事会另有规定外，不论本条的任何事项，即将离职的成员应当持续到其接任者任职为止。

（6）但除第11条（b）款和（e）款所指的成员外，委员会成员有权享有学院章程规定的津贴，其他成员不得按照本项

条款享有任何薪资。《1963 年印度理工学院修正案》规定各学院委员会成员的任期、空缺与津贴。

第十二条

（1）按照本法规定，各学院委员会应当对学院各项事务的监管、指导和管理负责。除本法、章程和条例另有规定，委员会行使学院及视察议事会的权利。

（2）不违背第（1）款的规定，各学院委员会应当：

（a）制定相关学院行政工作的政策；

（b）设置学院课程计划；

（c）制定章程；

（d）设立和任命学院的学术岗位和其他岗位；

（e）商议、修改和撤销条例；

（f）审议和决议学院年度报告、年度报表和下一财政年度预算，以其适合的方式制定发展计划，一并交予理事会；

（g）行使本法或章程赋予的其他权利、履行规定的其他义务。

（3）按照本法规定，管理委员会有权任命各类委员会（committees），以利于其行使权利或履行义务。

第十三条

各学院的议事会应当包括下列人员：

（a）校长，依据职权应为议事会主席；

（b）副校长，依据职权应为议事会副主席；

（c）学院指定或认可的授课教授；

（d）主席和校长协商任命的3名非学院工作人员；自然科学、工程和人文学科领域享有盛誉的教育者各1名；

（e）由章程规定的其他议事会成员。

第十四条

按照本法、规章和条例的规定，学院议事会应当管理并制定通则，负责规范学院的课程标准、教育与考试，行使章程赋予的其他权利，履行规定的其他义务。

第十五条

（1）主席应当主持委员会的日常会议和学院的校务评议大会。

（2）主席负责确保委员会决议的实施。

（3）主席应当行使本法或章程赋予的其他权利，履行本法或章程规定的其他义务。

第十六条

（1）经视察员预先批准，各学院的校长由理事会任命。

（2）校长应为学院学术和行政管理的首席官，负责学院的日常行政管理、课堂教学和纪律维护。

（3）校长应向委员会上交年度工作报告和账目。

（4）按照本法、章程和条例的规定，校长应行使、履行所赋予的权利与义务。

第十七条

按照章程的各项规定，各学院的副校长根据本法、章程或校长的任命，行使权利并履行义务。

第十八条

（1）按照章程的各项规定，各学院的注册主任负责保管学院的档案、公章和资金，以及委员会划归其管理的其他财产。

（2）注册主任应兼任委员会、议事会以及章程所规定的其他会议的秘书。

（3）注册主任必须正确履行其职责，并对校长负责。

（4）注册主任行使本法或规章制度和管理条例所赋予的权利，履行其规定的义务。

第十九条

除上文所述外，其他机构和人员的职权由章程规定。

第二十条

为促进各学院高效履行本法规定的职责，在议会制定补助津贴法案后，每财政年度中央政府以合适的方式向各学院拨款。

第二十一条

（1）各学院须设立流入基金：

（a）所有中央政府拨发的资金；

（b）学院收取的所有学费和其他费用；

（c）学院通过拨款、赠物、捐款、捐赠、遗赠和转让的方式获得的所有资金；并

（d）学院通过其他任何方式或来源获得的全部资金。

（2）经中央政府批准，所有学院可决定将入账经费的所有资金存入银行或进行投资。

（3）所有学院的经费应当用于满足学院的花销，包括本法下行使权利和履行职责的支出。

第二十二条

（1）根据中央政府和印度审计署（Comptroller and Auditor-General of India）磋商决议办法，各学院应当维持适当的账目和其他相关记录，准备年度账目表，包含资产负债表。

（2）各学院的账目应由印度审计署审计，学院应当向审计署支付审计过程中的支出。

（3）在学院账目或政府账目的审计过程中，印度审计署与其委任的审计人员享有相同的权利、特权和权威。特别是有权要求提供书、账目、相关收据以及其他相关单证，并检查学院的工作事务。

（4）印度审计署或其委派人员应每年向中央政府提交学院账目和审计报告。在每届两院议会前，向中央政府上交该年度账目和审计报告。

第二十三条

（1）按照章程规定的方式或相关款项，各学院应为其职员（包括校长）设立补助金，以其认为合适的方式设立养老金、保险和福利基金等。

（2）凡所设立的福利基金属于政府福利基金，1925 年中央政府颁布的《福利基金法案》则可适用于该项基金。

第二十四条

除校长外，学院所有人员的任命应遵循章程所指定的程序。或依据：

（a）委员会、讲师或以上的学术岗位人员的任命，或每月工资高于 600 卢比的非学术人员干部的任命；

（b）校长或其他情况。

第二十五条

按照本法规定，章程规定下列事项：

（a）授予荣誉学位；

（b）组建教学部门；

（c）学院课程学习、申请学位与文凭考试的费用；

（d）设立并颁发助学金、奖学金、奖章和奖励；

（e）学院教务人员（officer）的任期及任命方式；

（f）学院教师的资格；

（g）学院教师和其他人员任职的分类、方式以及任职资格的标准；

（h）为学院教务人员、教师和其他人员设立养老金、保险和福利基金；

（i）学院各机构的设立、权利以及职责；

（j）建立、修缮学生宿舍；

（k）学院学生的住宿条件和收取住宿费及其他费用；

（l）弥补委员会成员空缺的方式；

（m）向委员会主席和成员发放的津贴；

（n）批准委员会的命令和决议；

（o）委员会、议事会和各类委员会的会议，会议出席人数和程序应遵循其各自事务要求；

（p）本法的其他事项可由章程决定。

第二十六条

（1）理事会制定各学院的第一份章程，经由视察员的预先批准，在两院议会前提交一份副本。

（2）委员会按照本法规定的方法，制定新的章程、附加条例，或修改、废除章程条例。

（3）每一份新的章程或章程的附录、修订和废除都应当经过视察员的预先批准，视察员有权同意、否决或退回委员会的审议。

（4）未经视察员同意，新的章程、修订案或废除的现有条例不具有法律效力。

第二十七条

按照本法或章程中学院的相关条例，各学院应为以下规定事项提供服务：

（a）学院的学生入学；

（b）为学院所有需要学历和文凭的学生设置学习课程；

（c）学院学生入学所要求的学历或文凭课程、入学考试资格以及获得学位和文凭的资格；

（d）获得助学金、奖学金、奖章和奖励的资格；

（e）组织考试；

（f）维持学院学生的纪律；并

（g）本法或章程规定的其他事项。

第二十八条

（1）除本条款另有规定外，由议事会制定管理条例。

（2）议事会所制定的所有管理条例，自指令日期起开始实施，此类条例须提交委员会，并经委员会紧接的会议审议。

（3）委员会有权通过决议修改或废除条例，自决议实施之日起，可根据具体情况相应地修改或废除本条例。

第二十九条

（1）学院与员工的合同发生纠纷时，应相关员工的要求或以学院的立场提交仲裁。仲裁结构为：学院委任成员1名，该员工委托成员1名，以及视察员任命的仲裁员1名。

（2）仲裁的决议应当为最终结果，任何法庭不得提出异议。

（3）第（1）款所规定的任何相关事宜的诉讼，不得提交仲裁。

（4）仲裁庭有权自行调整程序。

（5）涉及仲裁的其他现行法案不适用于本条款的此类仲裁。

第三章　理事会

第三十条

（1）以中央政府《官方公报》发布之日为实施日期，应成立中央机构，命名理事会。

（2）理事会由下列成员组成：

（a）中央政府科技教育部部长，依据职权任主席；

（b）各学院的主席，依据职权；

（c）各学院的校长，依据职权；

（d）主席，大学拨款委员会（University Grants Commission），依据职权；

（e）主任（the director-general），印度科学和工业研究委员会，依据职权；

（f）班加罗尔印度科技大学理事会主席，依据职权；

（g）班加罗尔印度科技大学校长，依据职权；

（h）中央政府任命3名代表，其中科技教育部代表1名，财政部代表1名，其他相关部门的代表1名；

（i）全印技术教育委员会成员1名；

（j）视察员任命3~5名在教育、工业、自然科学与技术领域具有专门知识和实践经验的人员；

（k）3名国会议员，其中2名选自人民院，1名选自联邦院。

（3）中央政府科技教育部的公职人员由中央政府任命，担任理事会的秘书长。

第三十一条

（1）除本条款另有规定外，理事会成员的任期自任命之日起，依据具体情况为 3 年。

（2）职务委员的任期应当与任职成员的任期一致。

（3）第 30 条第（2）款（h）项所指的理事会成员应当在中央政府的任期内担任职务。

（4）根据第 30 条第（2）款（k）项，所选举成员的任期届满，则终止其在议院的任职。

（5）作为弥补临时空缺，任职成员应接续前任成员的剩余任期。

（6）除中央政府另有规定外，不论本条款的任何事项，即将离职的成员应当持续到其接任者任职为止。

（7）中央政府应当为理事会成员提供差旅费用及其他补助，但成员不得根据本条款获得任何薪资。

第三十二条

（1）理事会的一般职责为协调所有学院的活动。

（2）在不与本条第（1）款相矛盾的情况下，理事会应当履行下列职能：

（a）为学制、学院授予的学位和其他学术荣誉、入学标准和其他学术事务等相关事项提供建议；

（b）制定基本人员的招聘方法、职员的工作环境、奖学金管理机构、征收税费和其他公共利益等相关政策；

（c）审核各学院的发展计划，批准理事会认为必要的计划，并简要陈述经批准计划的财政含义；

（d）审核各学院的年度经费预算，并向中央政府建议拨给各学院的数额；

（e）必要时，对于本法规定视察员所履行的任何职责提出建议；

（f）依法履行指派的其他职能。

第三十三条

（1）理事会主席应当主持理事会的日常会议。

（2）理事会主席有责任确保理事会决议的实施。

（3）理事会主席应当行使本法规定的权利与义务。

第三十四条

（1）为实现本章的目的，中央政府制定规章。

（2）与前述权利一般原则不相抵触的情况下，此类规章规定下列事项：

（a）填补理事会成员空缺的办法；

（b）取消理事会成员的被选举资格和任职资格；

（c）成员可被免职的情况和职权；

（d）理事会会议及其事务管理办法；

（e）理事会成员的差旅费和其他补贴；

（f）理事会的职权以及行使职权的办法。

第四章　杂则

第三十五条

理事会、各学院或委员会违背本法或章程的行为，视为：

（a）在宪法上空缺和欠缺；

（b）成员选举提名和任命的缺陷；或

（c）不正当的程序，削弱法律依据。

第三十六条

在本法实施过程中，为必要地或适当地解决困难，中央政府通过《政府公报》发布的法规，制定符合本法目的的规定和指导方针。

第三十七条

尽管本法规定：

（a）在本法实施之前，学院现行的学校管理委员会应当持续行使职权直到该学院新一届委员会遵照本法成立为止，但在该委员会成立之前，委员会任职人员须终止其职务；

（b）在本法实施之前，德里印度理工学院和其他学院学术委员会依法组建议事会，直到该学院按照本法成立议事会为止；

（c）在本法制定第一章程和条例前，坎普尔印度理工学院的章程和条例应当继续对该学院有效。但在不与本法矛盾的情况下，经适当修改和调整后，也适用于其他学院。

第三十八条

（1）1956年《坎普尔印度理工学院法案》现予废除。

（2）不论该项是否废除，附件列出的上述法案条例仍然有效。

若在上述条文中，"本法"一词意为上述规定。

附　件

（见三十八条）

1956年《坎普尔印度理工学院法案》继续有效。

第二条

位于西孟加拉邦米纳布尔纳的坎普尔印度理工学院，该学院的目标是努力成为国家重点院校，据此宣告坎普尔印度理工学院为国家公认重点院校。

第三条

除本法另有规定外，本法：

（b）"委员会"指学院的学校管理委员会；

（c）"主席"指委员会主席；

（e）"校长"指学院的校长；

（g）"学院"指依法命名的坎普尔印度理工学院。

第四条

（1）委员会第一届主席、校长以及成员由中央政府通过《政府公报》公告任命，所有人员只要持有会员身份，则可担任委员会的校务人员或成员，并组成名为坎普尔印度理工学院的合法机构。

（2）学院应当持有永久的法人地位和公章，并以其名称起诉和被起诉。

第五条

（1）按照本法规定，坎普尔印度理工学院在本法实施前聘用的所有职员，在本法实施后应行使相关学院的职责和提供服务，享有相同任期、酬薪、各项条件，以及养老金、休假金、退职金、福利基金和其他事项的权利和待遇。本法案对其不构成任何影响。

（2）按照本条款第（1）项规定，经视察员批准，学院可更改款项（i）所规定的职员任期，如果职员不接受更改，学院可按照其与职员的合同条款，终止职员的任期。如果合同中没此相关规定，学院则向职员补偿3个月的酬薪。

（3）自本法实施起，坎普尔印度理工学院的每位职员［除款项（1）规定的人员外］应当按照学院章程的各项规定任职。各项规定自实施之日起生效。

第4期

瑞士联邦职业教育与培训局条例

孙晓鹤　编译

内容提要

为加快我国职业教育现代化，完善职业教育顶层设计，推进职业教育治理体系和能力现代化，科学借鉴发达国家职业教育宏观监管机构设置与运行的有益经验和有效举措，本期全文翻译《瑞士联邦职业教育与培训局条例》。21世纪初，作为举世闻名的品牌王国，面对知识经济的大潮和全球化的挑战，为了保持并增强职业教育的全球竞争力，在联邦层面，瑞士撤销了协调性的职业教育机构，建立了实体性的瑞士联邦职业教育与培训局，履行推动、监管职业教育发展的职能。十几年来的实践表明，在依法治教的条例框架下，瑞士联邦职业教育与培训局的工作是富有成效的。

2002年12月13日，根据《职业教育培训法案》（简称 VPETA）第48条第4款，瑞士联邦委员会颁布：

第一章 总则

第一条 目的

本条例规定瑞士联邦职业教育与培训局（简称 SFIVET）的活动、机构与资金。

第二条 法定职能

1. 瑞士联邦职业教育与培训局是独立法人的公共机构，办事机构设在伯尔尼。

2. 瑞士联邦职业教育与培训局依法独立开展工作，并持有会计账簿。

3. 瑞士联邦职业教育与培训局在职责范围内开展工作。

第三条 职责

1. 瑞士联邦职业教育与培训局是职业教育、中等职业教育培训（VET）、高等专业教育培训（PET）的教学与科研和职业发展的联邦管理机构。

2. 瑞士联邦职业教育与培训局在德语区、法语区和意大利语区三个语言区设有办事处。

第四条 合作

瑞士联邦职业教育与培训局应与国内外的大学、教育科研创新国务秘书处、中等职业教育/高等专业教育领域的其他机构、院校和组织合作。

第五条　补充主业的商业活动

1. 瑞士联邦职业教育与培训局为第三方提供相关服务，以获取营业性收益，且提供的服务不对其造成负面影响。

2. 会计记录应准确地簿录各项服务的支出和收入，商业活动不得享有补贴。

3. 瑞士联邦职业教育与培训局进行商业活动时，应与提供服务的私营部门遵循相同的市场竞争法律。

第二章　学制与课程

第六条　学位课程

为完成《职业教育与培训法》第三章规定的职业教育培训，瑞士联邦职业教育与培训局应为已获得大学 A 类型资格，或已获得大学 B 类型资格的学生提供学位课程。

根据 2003 年 12 月 4 日博洛尼亚指导方针，学位课程应包括 60 欧洲标准学分（ECTS）。完成瑞士联邦职业教育与培训局的学位课程，应授予以下法定学衔：

a. 中等职业教育培训瑞士联邦职业教育与培训局学位；

b. 高等专业教育培训瑞士联邦职业教育与培训局学位。

第七条　理科硕士课程

1. 瑞士联邦职业教育与培训局应为已获得大学 A 类型资格的学生提供理科硕士（MSC）课程。

2. 根据2003年12月4日博洛尼亚指导方针，理科硕士课程应包括90～120学分。对完成理科硕士课程的学位应授予法定学衔：职业教育培训理工硕士。

3. 瑞士联邦职业教育与培训局应确保理科硕士课程得到认证。

第八条　其他基础和继续培训课程

瑞士联邦职业教育与培训局董事会应决定其他的基础和继续教育课程设置、资质审定等相关事宜。

第九条　课程相关事项

瑞士联邦职业教育与培训局董事会应决定课程设置、绩效考核、考试等事项。

第三章　机构组织

第十条　机构

1. 瑞士联邦职业教育与培训局由下列组成：

a. 瑞士联邦职业教育与培训局董事会；

b. 局长；

c. 审计员。

2. 确有必要时，根据联邦委员会提议，经表决，议会有权撤销该机构或解除机构个别成员的职务。

第十一条　瑞士联邦职业教育与培训局董事会

1. 瑞士联邦职业教育与培训局董事会由9名专业人员

组成。

2. 联邦委员会董事会成员任期 4 年。董事会成员可连选连任。

3. 联邦委员会任命主席和副主席。

4. 瑞士联邦职业教育与培训局董事会应保障瑞士联邦职业教育与培训局的利益。瑞士联邦职业教育与培训局董事会成员，在决策中有个人利益介入时，则该成员应回避。如有无法避免的利益关系，该成员应辞职。

5. 联邦委员会任命瑞士联邦职业教育与培训局成员时，应明示基本薪酬、日常津贴等。

6. 瑞士联邦职业教育与培训局董事会：

a. 在联邦委员会领导下，制定瑞士联邦职业教育与培训局的战略规划；

b. 作为瑞士联邦职业教育与培训局的代表，与联邦经济事务、教育科研部（简称 EAER）及其他联邦机构协作；

c. 制定战略目标，起草战略目标的进展报告，并准备年度会计报告；

d. 经联邦委员会批准，制定并发布年度会计报告和年度报告；

e. 建立内部工作程序的规则；

f. 根据瑞士联邦职业教育与培训局的结构、管理构成及权限，制定部门规章；

g. 经联邦委员会批准，发布经费使用报告；

h. 经联邦委员会批准，任命局长；

i. 应局长要求，任命瑞士联邦职业教育与培训局的其他管理人员；

j. 根据部门规章，开展其他工作。

7. 此外，瑞士联邦职业教育与培训局董事会依据本条例第9、15、16、21、26、33、34条开展工作。

第十二条　局长

1. 局长向瑞士联邦职业教育与培训局董事会报告工作并对董事会负责。局长应保障瑞士联邦职业教育与培训局的利益。在决策中，局长或与局长关系密切者有利益介入，局长应回避。

2. 局长：

a. 组织并管理瑞士联邦职业教育与培训局；

b. 雇佣瑞士联邦职业教育与培训局董事会外的员工。

3. 局长负责联邦委员会交办的其他工作。

第十三条　审计员

1. 由联邦委员会任免审计员。

2. 审计员将审计报告呈报瑞士联邦职业教育与培训局董事会和联邦委员会。

3. 联邦委员会可问询审计员。

4. 一般适用规则：

a. 审计员的职能和独立性：参照《瑞士债务法》中股份有限公司的正规审计之规定；

b. 审计员职责要求：参照《瑞士债务法》中公共有限公司之规定。

第四章　瑞士联邦职业教育与培训局成员

第一节　总则

第十四条　瑞士联邦职业教育与培训局成员

瑞士联邦职业教育与培训局成员包括：

a. 瑞士联邦职业教育与培训局管理团队；

b. 全职教学人员；

c. 兼职教学人员；

d. 研究人员；

e. 行政和技术人员；

f. 学生。

第十五条　瑞士联邦职业教育与培训局评议会

1. 瑞士联邦职业教育与培训局评议会成员，应由上述成员群体的代表构成。每个成员群体应按语言区和性别的比例推选代表。

2. 瑞士联邦职业教育与培训局董事会作出关于瑞士联邦

职业教育与培训局有关整体利益的决策前，应与瑞士联邦职业教育与培训局评议会协商。

第十六条　雇佣合同

1. 瑞士联邦职业教育与培训局依照：

a. 2000 年 3 月 24 日的《联邦人力资源法》；

b. 除本条例和瑞士联邦职业教育与培训局董事会在下文第 2 款中另行规定外，实施《联邦人力资源法》之规定。

2. 确有必要时，经联邦委员会批准并依照《联邦人力资源法》和现行条例，瑞士联邦职业教育与培训局董事会可颁布雇佣合同的附加实施条例。

3. 2001 年 7 月 3 日制定的《联邦人力资源法》第 2 条，规定瑞士联邦职业教育与培训局董事会为权威机构。依据《联邦人力资源法》第 52 ~ 54 条和第 72 条，其有责任决定各工作岗位的工资与津贴标准。

4. 除另有协议外，聘任兼职教职人员应有正式的雇佣合同。

第十七条　研究人员的流动

瑞士联邦职业教育与培训局应通过适当的人力资源和工资政策，鼓励研究人员的流动。

第十八条　职业退休基金计划

依据相关法律条款，瑞士联邦职业教育与培训局员工应在联邦退休基金注册。瑞士联邦职业教育与培训局应根据 2000 年 6 月 23 日《联邦退休基金法》第 3 条（c）款之规定，履行用人单位的职责。

第十八条 a　瑞士联邦职业教育与培训局职工退休基金及其机构

1. 瑞士联邦职业教育与培训局董事会应决定职工退休基金的构成，并投票选出其托管机构。对于相关用人单位的集体退休基金，各项实施条款须获用人单位的同意。

2. 任命专业人士为托管机构的成员，尽可能实现成员性别和语言的平等。

3. 联邦退休基金委员会决定托管机构成员的薪金。

第十九条　知识产权

1. 除版权外，瑞士联邦职业教育与培训局应持有其职工因履行工作职能的全部知识产权。

2. 瑞士联邦职业教育与培训局应持有其职工因履行工作职能所研发的有关电脑程序的专利权。瑞士联邦职业教育与培训局可与知识产权持有人签订合同以转让版权。

3. 根据本条例第 1 款和第 2 款，知识产权持有人应与瑞士联邦职业教育与培训局共享知识产权利益。

第二节　全职教学人员

第二十条　全职教学人员的职责

1. 全职教学人员应在培训合格后，从事中等职业教育和高等专业教育的工作。

2. 全职教学人员应通过科学研究提高专业水平，并负责研究成果推广和出版。

第二十一条　瑞士联邦职业教育与培训局以外的活动

1. 全职教学人员可以个人名义，即作为其领域的专家，从事除瑞士联邦职业教育与培训局以外的经济活动。

2. 全职教学人员须得到瑞士联邦职业教育与培训局董事会的批准，才能开展第 1 款中所述的活动。如其经济活动与瑞士联邦职业教育培训局不发生利益冲突，董事会即予以批准。

3. 全职教学人员在使用联邦职业教育与培训局的人力资源、实物资源开展自身的经济活动时，应支付相应的费用。瑞士联邦职业教育与培训局应对此作出相关规定。

第二十二条　雇佣条件

1. 应聘瑞士联邦职业教育与培训局全职教学人员者，须获得大学本科或研究生学历，并具备职业教学技能。

2. 不具备上述学历但有 5 年以上职业教学经验的人员，也可聘为全职教学人员。

第三节　研究人员

第二十三条

1. 研究人员应进行科学研究与开发活动，以支持全职教学人员的活动。一般服务的规定中亦涵盖研究人员。

2. 研究人员须具备大学本科及以上学历。

第五章　保障联邦利益

第二十四条　监督

1. 瑞士联邦委员会是瑞士联邦职业教育与培训局的监管机构，瑞士联邦职业教育与培训局应通过联邦经济事务、教育和研究部门，与联邦委员会进行协作。

2. 瑞士联邦委员会的监管内容：

a. 任命瑞士联邦职业教育与培训局董事会成员和主席；

b. 任命局长；

c. 任命审计员；

d. 批准年度报告和年度会计报告；

e. 审核战略目标完成情况；

f. 解散瑞士联邦职业教育与培训局董事会。

第二十五条　战略目标

1. 瑞士联邦委员会应根据通识教育政策的状况，制定瑞士联邦职业教育与培训局董事会的战略规划及实施目标，制定战略目标检测标准和方法。

2. 瑞士联邦委员会应根据联邦行政的预算，作出实现战略目标的时间进度和阶段性安排。

第二十六条　报告

1. 在完成下述年度报告的前 6 个月，瑞士联邦职业教育与培训局董事会应向联邦委员会提供下列报告：

a. 战略目标完成的中期报告；

b. 年度报告；

c. 审计员报告；

d. 瑞士联邦审计署报告。上一个年度报告，瑞士联邦审计署对瑞士联邦职业教育与培训局的审计报告。

2. 依据《瑞士债务法》第 662～670 条设定年度报告的内容，依据《瑞士债务法》第 728 条（b）款设定审计报告的内容。

3. 在预算期最后一年，瑞士联邦职业教育与培训局董事会应向联邦委员会提供关于战略目标执行情况的完整报告。

4. 联邦经济事务、教育和研究部应向联邦职业和专业教育培训委员会（简称 FC-VPET）提供上述文件以供参阅，职业和专业教育培训联邦委员会应向联邦委员会提供意见书。

第二十七条　统计数据

为执行 1992 年 10 月 9 日《联邦统计法》中关于联邦统计数据的规定，瑞士联邦职业教育与培训局应向联邦经济事务、教育和研究部或其他指定机构提供所有数据及信息。

第二十八条　场所

1. 联邦为瑞士联邦职业教育与培训局提供办公场所。

2. 在联邦和瑞士联邦职业教育与培训局的合同中，规定联邦场所的使用和租金。

第六章　资金及使用

第二十九条　资金

1. 瑞士联邦职业教育与培训局资金的主要来源：

a. 联邦拨款；

b. 收益；

c. 与第三方合作的收入；

d. 捐款。

2. 联邦拨款应满足瑞士联邦职业教育与培训局履行职责的要求，并考虑瑞士联邦职业教育与培训局自筹资金的能力。

3. 联邦委员会向议会提交瑞士联邦职业教育与培训局预算报告。

4. 瑞士联邦职业教育与培训局应积极扩大收益来源及第三方资金。

第三十条　财政

1. 为确保瑞士联邦职业教育与培训局顺利开展工作，联邦应以市场利率贷款给瑞士联邦职业教育与培训局。

2. 瑞士联邦职业教育与培训局应把过剩资金投资于联邦。任何非联邦的资金应以市场利率获得利息。

3. 具体情况应规定在瑞士联邦职业教育与培训局和联邦财务部门的协议中。

第三十一条 会计

1. 瑞士联邦职业教育与培训局的会计应体现净资产、财政情况和经营业绩的综合情况。

2. 瑞士联邦职业教育与培训局的会计应坚持职能性、清晰性、一致性和非补偿性的基本原则，并依据 1989 年 10 月 6 日《联邦预算法》会计准则进行会计记录。

第三十二条 收益和储备基金

1. 作为年度报表批准程序的一部分，每年应由联邦委员会决定所有收益的分配。

2. 联邦委员会可将部分收益划拨到储备基金中。

3. 储备基金应用于补偿损失，并为项目和投资计划提供必要的资金。

4. 预算期间，若储备基金高于瑞士联邦职业教育与培训局的需求，或无须对项目和投资计划进行投资时，联邦对瑞士联邦职业教育与培训局拨款，应使用储备基金。

第三十三条 费用

1. 瑞士联邦职业教育与培训局应收取服务费用。

2. 瑞士联邦职业教育与培训局董事会可决定某些基础和继续培训课程免费，课程应满足：

a. 管理职业教育培训（简称 VPET）体系；

b. 旨在使参与者开展公共利益的活动。

3. 瑞士联邦职业教育与培训局董事会应：

a. 经联邦委员会批准，制定收费明细表；

b. 经联邦委员会批准，制定不收取成本费用的明细表，包括学位课程和第6、第8条中提到的基础和继续培训课程的学费。

4. 此外，应执行《联邦经费一般条例》相关规定。

第七章　惩戒规定

第三十四条

1. 纪律处分包括：

a. 诫勉函；

b. 禁止个人从事瑞士联邦职业教育与培训局事务、课程和考试的公告函；

c. 禁止个人在瑞士联邦职业教育与培训局活动、课程和考试的决议。

2. 局长发布诫勉函。瑞士联邦职业教育与培训局董事会主席应发布禁止个人在瑞士联邦职业教育与培训局活动、课程和考试的公告函。瑞士联邦职业教育与培训局董事会作出禁止个人在瑞士联邦职业教育与培训局活动、课程和考试的决议。

3. 相关个人有如下权利：

a. 获取相关文件；

b. 被传唤和询问；

c. 独立为自身案件辩护或寻求代理人的帮助。

4. 必须采取书面形式通知惩戒的决议，并包括已决议的原因和上诉权利的说明。

第八章 附则

第一节 废止及修改相关条例

第三十五条 废止条例

废止 1983 年 9 月 7 日瑞士职业教育机构《联邦条例》（*The Federal Ordinance*）。

第三十六条 修改条例

在附件中陈述现行条例的修改。

第二节 过渡性条款

第三十七条 瑞士联邦职业教育与培训局的创立

1. 瑞士联邦职业教育与培训局应有法人身份，以取代瑞士职业教育机构（简称 SIBP）。

2. 一经授予法人资格，瑞士联邦职业教育与培训局将接管瑞士职业教育机构的资产和债务、权利和义务。应免除转移和接受资产的征税和其他费用。

3. 联邦经济事务、教育和研究部应作出如下安排：

a. 批准资产、债务、权利、义务、职责、机构；

b. 准备联邦委员会所需的瑞士联邦职业教育与培训局的开办资产负债表；

c. 采取其他过渡性措施。

第三十八条　雇佣合同

1. 瑞士职业教育机构的雇佣合同应移交给瑞士联邦职业教育与培训局。第 10 条第 2 款的局长任命予以保留。

2. 瑞士联邦职业教育与培训局应补足瑞士职业教育机构退休基金的差额。

第三十九条　职员资格

由瑞士职业教育机构转入瑞士联邦职业教育与培训局的职员，如不能满足本条例第 22 条的雇佣要求，须在 5 年过渡期内获取必要资格。瑞士联邦职业教育与培训局董事会应制定其他资格的条款。

第四十条　学习课程

本条例第二章实施前完成注册学习课程的学生，应根据先前制定的法律条款，在 2009 年底前完成学习。

第四十一条　场所

联邦应允许瑞士联邦职业教育与培训局在伯尔尼以外的办公场所，使用到 2011 年。

第三节　实施

第四十二条

1. 除保留下述的第 2 款和第 3 款外，本条例自 2007 年 1 月 1 日起实施。

2. 第二章中制定的条款（关于课程）应自 2006 年 10 月 1 日起实施。瑞士职业教育机构应对下述第 3 款中没有交给瑞士联邦职业教育与培训局组织的事项作必要安排。

3. 本条例第 10 ~ 12 条自 2005 年 9 月 30 日起生效。授权瑞士联邦职业教育与培训局储备机构，应为瑞士联邦职业教育与培训局的建立开展准备工作。

第5期

美育导向的法国学前教育法律政策

高 露 编译

内容提要

2016 年 11 月 18 日，在第六次全国妇女儿童工作会议上，李克强总理强调：坚持儿童教育优先发展。为推进我国学前教育立法，实现《国家中长期教育改革和发展规划纲要（2010～2020)》学前教育目标，满足"全面放开二孩政策"需求，解决我国学前教育改革发展中的深层次问题，推进学前教育治理体系和治理能力现代化，科学借鉴发达国家在学前教育办园体制、管理体制、师资培训和投入体制与运行保障机制等方面的成熟举措，本期介绍美育导向的法国学前教育立法。法律和政策奠定了法国学前教育在当代世界学前教育的翘楚地位。

进入 21 世纪，法国学前教育法律政策突出美育导向，培养儿童审美素养，让儿童学会用美感理解生活，使儿童言行举止成为一种行为艺术。为把美育导向贯穿学前教育全过程，法国适时调整学前教育目标、课程设置、作息时间、师资培训方向。法国没有专门的学前教育法，学前教育内容包含在相关法律之中。2013 年 7 月 8 日，法国议会通过《重建共和国基础教育规划法》，提出 25 项关键措施。此后，落实 25 项关键措施的政策相继出台。2015 年 9 月，法国政府出台《幼儿园改革实施方案》。同年，法国政府相继制定了"教育优先区"、"教师培训计划"和"艺术文化教育课程"。2016 年 7 月 8 日，法国教育部颁布《艺术文化教育章程》。2017 年初，法国政府出台"教育数字化计划"。

一　学前教育法律政策贯穿美育导向

美育是人类教养的基石，是学前教育的基调，是美好人生的基础，法国学前教育法律政策贯穿美育导向，从法律体系和公共政策上保障了学前教育居于世界翘楚地位。法国相关立法规定，中央政府主要负责组建各级公立学校，制定教学大纲，招聘并培训教师，督导评估，支付教师工资等。法国多部法律规定中央政府在学前教育事业中的职责。1958 年 10 月 4 日，法兰西第五共和国《宪法》序言明确规定，组织各个阶段的义务性、免费性和世俗性的公共教育是国家责任。1989 年 7 月 10 日，法国议会通过《法国教育指导法》。其第 1 条规定，

教育是国家最优先发展的事业。2000年7月，法国议会通过
《教育法案》。其第211条第1项规定，教育是国家公共事业，
国家保证其组织与运行，国家有责任建设免费和世俗的各级公
共教育；第211条第8项规定，国家承担（公立）初等学校和
幼儿学校教职员工的工资。2013年，法国议会通过《重建共
和国基础教育规划法》，第25项措施规定，成立国家教育制度
评估委员会。

　　20世纪80年代起，为加强地方政府教育管理职能，法国
中央政府开始下放教育管理权。地方政府负责学校的投资
（建筑、改造）、基础设施、运行费用、教学成本等。法国多
部法律明确市镇政府在学前教育事业中的职责。《1983年法
案》规定，小学和幼儿学校由市镇政府负责投资与管理。
《85—348号法令》进一步规定市镇政府在小学和幼儿园建设、
管理、扩建、重建、修缮、装备、运行等方面的职能。2008
年3月，法国议会修订《教育法案》，第212条第2项和第
212条第5项规定，市镇议会决定幼儿园与小学的设立与班级
规模，每隔3公里设立一所学校。市镇政府负责修缮、管理幼
儿园与小学的硬件设施，保证学校数量和质量，并提供教师住
宿、其他服务人员的工资的职能。《重建共和国基础教育规划
法》规定，发挥市镇政府作用，加强市镇政府同企业、社会
团体及其他第三方组织的合作。其中，第11项措施明确国家
与地方政府在教育数字化方面的职能；第23项措施是制定地

方教育发展战略；第 24 项措施要求加强地方政府与企业、社会团体及其他第三方组织的合作。

《幼儿园改革实施方案》第 6 条规定，法国幼儿园：（1）为儿童服务；（2）为所有家庭提供免费服务；（3）为中央和地方政府承担的非义务教育部分。《艺术文化教育章程》第 7 条规定教育界、文化界、社区、各个机构、中央和地方政府均应保障全体儿童与青少年享受艺术与文化教育的均等机会。第 8 条规定上述各方合作推动艺术文化教育发展，共同制定有效的、有活力的行动计划（包括理念、执行和评估）。根据法国教育部公布的数据，2014 年全法共有幼儿园 15216 所（法国本土、法国海外省），其中 15079 所为公立幼儿园、137 所为私立幼儿园。由此可见，法国幼儿园总体上是公立的，私立幼儿园微乎其微。依据《重建共和国基础教育规划法》，2014 年法国正式设立国家教育制度评估委员会。国家教育制度评估委员会由 14 位成员构成，制定并根据需要适时调整包括学前教育在内的各级各类教育机构的评估标准。《幼儿园改革实施方案》第 5 条规定幼儿园评估指标，幼儿审美素养和审美能力是评估的重要内容。为保障教育的连续性，在学前教育结束时，幼儿教师须为每位学生做学业总结，其中每个儿童的审美创造力及潜质继续提升建议是重要内容，供小学教师参考，并告知儿童父母，促使幼小顺利衔接。

二　遵循儿童美育规律的课程
设置与作息时间

　　遵循儿童美育规律是法国学前教育课程的逻辑起点，课程目标以儿童为中心，通过美育塑造儿童人格，为儿童一生幸福奠基。这一特点充分体现在课程设置的文化内蕴和时代特征上，当代世界数字化无处不在，学前教育不能置身其外。《重建共和国基础教育规划法》第 8 条规定启动教育数字化，第 9 条规定创建公共服务型数字教育，第 10 条规定扩展数字教育版权授权范围，第 12 条规定重新设置公共核心课程、制定新课程，第 13 条规定成立最高课程委员会，第 14 条规定开展公民道德教育，第 15 条规定制定艺术文化教育方针。

　　法国幼儿园分为公立幼儿园和私立幼儿园两类。公立幼儿园实行免费、世俗原则；私立幼儿园可收取学费，并允许进行宗教教育。公立幼儿园、私立幼儿园均须遵守国家教学课程。《幼儿园改革实施方案》的学前教育课程内容、2015 年法国开始实施的艺术文化教育课程和 2016 年《艺术文化教育章程》，都体现了法国学前课程设置遵循儿童身心发展规律与美育规律。《幼儿园改革实施方案》学前教育课程内容：（1）各种语言的使用（语言是成功的必要因素）；（2）艺术表演、表现自我、通过身体活动理解自我；（3）艺术表演、表现自我、通过艺术活动表达自我（身体活动和艺术活动有助于培养行动、直觉、想象力、悟性和思维之间的关系）；（4）开始利用工具结构化思维（用结构思维和探索世界的时间，致力于培养初步理解数字和数学工具）；（5）探索世界（注重儿童周围环境和激发他们的好奇心）。授课方式围绕解决问题、练习、记忆训练展开。在这一阶段，游戏占有特殊地位。2015年法国开始实施艺术文化教育课程，从幼儿园到高中，学生都要参与艺术文化教育课程，包括对文化遗产的认识、接触艺术家及其作品、学生参加艺术创意实践。《艺术文化教育章程》第1条规定国民享有艺术文化教育权，特别是儿童和青少年；第2条规定艺术文化教育应结合艺术品欣赏、了解艺术家、从事艺术活动和掌握相关知识；第3条规定艺术文化教育目标——共享丰富多元文化，包含传统与现代、民俗与高雅、本土与国际；第4条规定艺术教育的目的——培育公民素养，提高文化品位与自身涵养；第5条规定艺术文化教育应考虑儿童、青少年的生活时间，并注重家庭环境和交友环境；第6条规定艺术文化教育丰富儿童和青少年自身经验与阅历，并增进对当代世界的认知；第9条规定发展艺术文化教育应培训决策者和执行者，并促进彼此间的了解与共同学习；第10条规定定期评估艺术文化教育，并鼓励创新。

除积极改革艺术文化教育课程及扩展民间合作外，法国政府增加相关预算，以执行规划项目。在艺术文化教育及其活动上，法国教育部每年花费近 20 亿欧元。从 2015 年开始，法国分 3 年，共增加 800 万欧元用于艺术文化教育课程。2017 年法国政府艺术文化教育预算是 6400 万欧元，是 2012 年的 2 倍。

对于儿童的作息时间，法国教育法律作出灵活而细致的规定。如 2000 年《教育法案》第 521 条第 1 项规定，国民教育部每三年颁布一次适用于全国范围的日程表。在政令规定的条件下，各地可以根据当地实际情况作出改动。《重建共和国基础教育规划法》第 7 条规定创建基金，协助地方政府实施课时改革。

《幼儿园改革实施方案》第 2 条规定调整作息时间，优先考虑儿童自然节奏。法国学前教育考虑到所有学生的情况，将教学时间分布于整周，以提供适宜的学习环境，促进其成长。为儿童制定最佳的作息时间表，需要考虑两点关键要素：儿童生物钟和父母的活动、日程。这样有助于缓解儿童压力和疲劳，创建更高品质的学校生活，改善学习条件。

法国学前教育课时设置：上课日为 180 天，一周授课时数为 24 个小时，一周上课时间由 4 天改为 4 天半（周三上午恢复上课），每日总课时不超过 5.5 个小时，半日总课时不超过 3.5 个小时，午休时间不少于 1.5 个小时。在这些原则下，各学区可因地制宜，自行安排作息时间。

三 法律政策保障优质学前教育师资和教师权益

幼儿教师师资水平是保证学前教育质量与可持续发展的关键因素。法国幼儿教师具有明确的法律身份和良好的社会地位。

法国制定一系列教育法律与政策，明确教师身份，建设高素质师资队伍。《德勃雷法》第 3 条规定私立教育机构可通过与国家签订合同，加入法国公共服务系统。签合同的符合资格的私立幼儿园教师，按照相应规定成为国家的合同雇员。根据实际情况，政府负担私立教育机构教师的工资。1946 年法国《公务员总章》规定，公立幼儿园教师属于国家公务员，与小学教师同属第一阶段教师，两者可相互交流。幼儿教师接受师范类专业教育，并通过国家统一组织的选拔考试，方可入职，考试内容同小学教师一样。入职后，每位教师有权在职业生涯中免费接受累计一年的继续教育培训。《教育法案》第 211 条第 8 项规定，国家承担（公立）初等学校和幼儿学校教师人员的工资。2009 年 9 月，法国教育部发布第 32 号公报，规定幼师的职业要求、能力及评价标准：（1）具有职业道德和责任感；（2）具有良好的文学功底和与幼童沟通的能力；（3）具有较好的文化素养和多学科教学的能力；（4）具有较强的课程设计和教学能力；（5）具有较强的课堂活动组织能力；（6）了解幼童个体差异和成长过程；（7）正确掌握评价方式帮助幼童进步；（8）具有较强的同家长合作的能力等。教师及教学活动均接受国家和地区两级教育督导部门监管。《重建共和国基础教育规划法》第 1 条规定成立教师与教育高等学院，第 2 条规定为教师与教育工作者提供基本培训。

依据《重建共和国基础教育规划法》，法国政府出台"教师培训计划"和"教育数字化计划"。为保障高素质师资力量，法国十分注重教师培训，教师培训成为法国提高教师质量的重点项目。法国教师培训专注于实践培训。经济合作与发展组织（OECD）称：最有效的教师基本培训是保持理论与实践的平衡、教师间协作的平衡。法国教师培训内容为：与学生接触、差异化教学、优质资源支持、管理班级、维持课堂纪律、防止校园暴力、关注残疾学生、帮助弱势学生、防止歧视、性别平等、职业指导等。所有教师均须参加数字化培训，课程包括计算机科学、数字工程管理、数位应用、教学实践、数位素养。每一位教师拥有一本数字化书。这本书包含不同类型的内容：教科书、图像、评论、幻灯片和视频。数字技术成为教师的辅助工具而不能替代教师。目前法国有 260 多个线上培训课程。教育部提供资金，鼓励教师创作数字化资源。

2013 年 9 月 1 日，法国教师与教育高等学院开始运行。法国开始实行专业学位（MEEF）教育制度。在第一学年期

末，教育学硕士参加教师选拔考试。在第二学年，作为国家公
务员，教育学硕士去学校实习。幼师受教育程度普遍提高，多
数幼师拥有硕士学位。

四　保障学龄前儿童和弱势儿童
公平受教育的权利

教育公平是社会公平的重要基础，促进教育发展成果更广
泛地惠及全体国民，以教育公平促进社会正义。同时，教育机
会平等是儿童重要权利之一，以教育资源的合理分配为保障。
在保障弱势儿童教育权利方面，法国作出努力，推动学前教育
均衡发展。

1. 维护学龄前儿童入学权益

近年来，法国出生率与妇女就业率陡增，但是教育资源有
限。3 岁以下儿童入园率从 2000 年的 35％ 一路下滑，2005 年
为 25％，2012 年仅为 11％。为此，法国社会强烈呼吁政府加
强 2 ~ 3 岁幼童学前教育支持力度。法国社会认为尽早开展正
规托幼教育，有利于促进幼童身心发展，这是促进落后地区幼
童开展语言、文化、社会适应性学习的有效途径，是保障教育
公平的重要手段。

《教育法典》规定，年满 2 岁儿童可进入幼儿学校或托幼
机构，但 2 岁入学应优先考虑教育优先区（ZEP）的儿童。

《重建共和国基础教育规划法》规定，从 2014 学年起，经过努力，力争将 2~3 岁幼童入园率提高到 30%。农村地区、教育落后地区及海外省为优先发展区。第 3 条规定资源向基础教育倾斜。第 4 条规定出台"教师多于教室"政策。第 5 条规定提高 3 岁以下幼儿教育服务水平。第 6 条规定重新设定幼儿教育目标，保障幼小衔接、初小衔接的连续性。第 17 条规定改革学校年级体系。

依据《重建共和国基础教育规划法》，法国进行幼儿学校改革，2015 年 9 月实施《幼儿园改革实施方案》。该方案第 1 条规定重新构建幼儿园教育目标。其主要目标是：激发孩子去学校的动力，促进每个幼儿全面而富有个性地发展。幼儿园应为幼儿提供健康、丰富的生活和学习环境。幼儿园应为幼儿提供社会化的场所，使幼儿在群体中作为个体确立身份。幼儿园教育是学生未来教育的奠基阶段。第 4 条规定为教师提供教育资源。教育部培养教师，满足学前儿童、3 岁以下幼儿学校教育的需求。国家和地方开展培训讲座，帮助教师领会并贯彻《幼儿园改革实施方案》。

同时，政府保障学龄前儿童教育将采取以下措施：增加 400 个第一阶段教师岗位编制；制定适当的教学计划，并加强同家长的合作；发挥市镇政府作用，加强同地方的合作；增加教师工作时间，即每人每年多工作 36 个小时，增强教学教育效果。

2. 缩小不同背景儿童学前教育差异

进入 21 世纪，在经济合作与发展组织（OECD）中，法国成为弱势学生情况恶化、不平等差距较大的国家，而这种差距仍在扩大。2013 年《重建共和国基础教育规划法》的目标：提高学生技能与知识文化水平，减少社会和地区不平等，降低辍学率。

法国比较重视教育公平，并以立法保障学前教育均衡发展。1989 年 7 月 10 日，法国议会通过《法国教育指导法》，第 1 条规定教育是国家最优先发展的事业。公共教育事业应根据各类学生构建和组织，应有助于机会平等。每个人所享有的教育权利要得到保障，使个性得到发展，有利于个人进入社会、职场生存，以及行使公民权利。第 2 条规定每个儿童均可依据其家庭的要求，自 3 岁起进入幼儿学校或儿童班。处境不利的 2 岁幼儿，无论是在城市、农村还是山区，都可优先进入幼儿学校、幼儿班。1989 年《关于教育指导法的附加报告草案》的目标：幼儿学校要注意发现儿童的感觉、运动或智力的障碍并及早诊治。学校为学生服务：幼儿学校构成儿童学校的基础阶段。早期学校教育对儿童以后的成功，尤其是对小学教育具有极为有益的帮助。幼儿学校在帮助家庭不理想儿童跨入知识大门中发挥着显著作用。因此，从 2 岁起招收处境不利儿童，从 3 岁起招收全部儿童进入幼儿学校，是教育政策的目标。该草案规定缩小地域造成的不平等，在国内进行公平教育，特别是发展全部 3 岁儿童的学校教育。《重建共和国基础教育规划法》规定教育优先政策目标：将弱势群体的学生和其他学生的学业成绩差异降低到 10%。第 19 项措施规定帮助处境不利学生。

法国政府采取政策倾斜的方式来改善偏远农村儿童、残障儿童、城市低收入家庭儿童的教育状况，使这些儿童享有相同的教育权利，最为突出的政策是"教育优先政策"。自 1981 年起，法国历经数次教育优先政策改革，1988 年出台教育优先区（ZEP）政策。教育优先政策的目的：给予社会经济背景较困难的学生更多的教育资源，以消除社会和经济地位的不平等关系。依据《重建共和国基础教育规划法》，2015 年法国政府出台新的教育优先政策，共 14 项措施，以帮助学生、建设高素质教师队伍、构建开源深度学习框架。第 1 项措施规定，帮助家庭背景不利儿童取得成功。目前，法国优先区政策取得一定成效，有 1000 多个教育优先区。与中产阶级家庭儿童相比，来自工人家庭的儿童有一半机会获得高等教育学位。法国政府致力于教育资源的合理分配，促进教育公平，保障所有儿童的受教育权利。

第6期

追求均衡化

——发达国家学前教育立法取向

高 露 编译

内容提要

为实现 2020 年基本普及学前教育目标,加快学前教育法制定的进程,加强学前教育的顶层设计,推进学前教育治理体系和治理能力现代化,深度融入世界学前教育改革发展潮流,共创学前教育美好明天,要求科学借鉴发达国家学前教育立法经验,特别是追求均衡化的发达国家学前教育立法取向。在学前教育立法实践领域,发达国家已进入优质均衡化的阶段,用立法打破学前教育发展瓶颈,以学前教育法引领学前教育改革发展,以期实现"每个儿童享有优质公平学前教育",打破阶层固化的代际循环,让每个儿童都有人生出彩的机会。

目前,发达国家学前教育立法以追求均衡化为取向。美国于 2015 年颁布《每个学生都成功法案》,英国于 2016 年颁布

《教育全面卓越》，芬兰于2015年实施《学前教育法》，韩国于2015年颁布《幼儿教育法案》。纵观其立法理念与法律文本，追求优质均衡化日益凸显，具有以下特点。

一 缩小差异与追求普惠的均衡

缩小差异，追求学前教育普惠的均衡化，是发达国家学前教育立法的取向。2016年1月6日，美国开始实施《每个学生都成功法案》（*Every Student Succeeds Act*），取代2002年《不让一个儿童掉队法案》（*NCLB*），向"优质均衡"方向发展。《每个学生都成功法案》第1001条规定，为所有孩子提供充足的教育机会，让每个学生都能得到公平、平等、优质的教育，缩小学童教育成果差异。同时该法案首次纳入天才儿童教育内容，提出增加天才教育经费投入，成立全美天才教育研究中心，优化天才儿童教学实践，支持天才儿童早入学前班，让天才儿童享受天才教育项目服务。在美国，"入托难"是社会性问题，并出现美国式"隔代看娃娃"。为缩小学前教育地区性差异，实现公平的卓越教育，2016年3月17日，英国颁布《教育全面卓越》（*Educational Excellence Everywhere*）白皮书。白皮书规定，在21世纪，每个儿童无论出身背景如何，都有权利接受优质学前教育，发挥自身潜能，掌握基本知识，形成必备技能，为在竞争激烈的现代社会立足做好准备。同时，白皮书阐释了追求公平卓越教育的多项要素，提出了实施措施。2016年3月1日，韩国实施《幼儿教育法案》，明确规定国家、地方自治团体与监护人努力营造良好环境，让所有儿童接受高质量学前教育，不让一个儿童掉队。2015年1月1日，芬兰实施《学前教育法》，提出让每个适龄儿童都接受一流学前教育，让孩子在起跑线上尽情玩耍，促进儿童身心均衡发展，以培养儿童创造力。芬兰为儿童提供优质均衡和全面的日托服务体系。根据芬兰教育和文化部的数据，芬兰有98%的儿童已接受学前教育，只有1500多名儿童跳过学前教育直接进入小学。2006年12月22日，日本国会通过《教育基本法》，第16-2条规定，国家为实现包括学前教育在内的全教育体系的优质、公平，必须统筹规划和全面落实相关教育举措。

美国对989名参加优质学前教育的低收入家庭儿童进行15年跟踪研究，表明优质学前教育方案帮助低收入家庭儿童获得优异成绩，留级率更低，需要特殊教育的可能性更小，中学毕业率更高，极大地降低了未成年犯罪率，改善了儿童生活质量，为其未来发展打下坚实基础，奠定良好的人生开端。

二 国家责任与多元主体责任的均衡

纵览发达国家学前教育立法，明确规定中央政府、地方政府、学校职责，并鼓励家庭积极参与学前教育，力求国家责任与多元主体责任均衡化，统筹利用各种教育资源，开展有效合作，为学前教育发展创造良好条件。美国《每个学生都成功法案》第1005条规定，建立各州责任体系，各州制定本州发展规划，地方学区配合州教育部门的规划，各州公平分配学前教育资源，确保每个儿童获得优质公平教育，缩小儿童学业成绩差异，帮助儿童获得成功。第1010条规定，"家长及家庭参与"取代"家长参与"。第4501条规定，开展家长及家庭参与教育计划，不能强迫家长及家庭参与此计划活动，不能侵犯家长对其子女教育的直接管理权利。家长及家庭参与计划主要帮助州和地方教育部门、学校、教育者更好地进行学前教育，教师、家长、教育部门等建立更加紧密的合作关系，并密切家长和学生之间的关系。第4504条规定，2017～2020年联邦政府每年将拨款1000万美元，用于开展家长及家庭参与学前教育计划。第4201条规定，建设21世纪社区学习中心，为幼儿园至中学的学生提供各种学习机会，为儿童提供丰富多彩的课余生活。第4206条规定，国家将于2017年拨款10亿美元，2018～2020年增加为11亿美元，用于建设21世纪社区学习中心。在法律条文上，将"家长参与"调整为"家长及家庭参与"，尊重家长对学前教育的知情权，保护家长对学前教育的选择权，同时开启学校与社区间更加广泛的合作与互动。2016年，韩国国会通过《幼儿教育法案》。其第3条规定，国家、地方自治团体与监护人负有共同教育幼儿，使其健康成长的责任。韩国把家长引入幼儿园，倡导"家园合作"模式，重视家长参与学前教育的决策权，让家长直接参与实际的教育与管理，形成学前教育责任均衡化模式。芬兰《学前教育法》明确规定，政府应确保儿童平等地享受一流学前教育资源，政府制定并实施适宜的学前教育与保育政策，建立相应的机构进行管理，对学前教育机构进行督导评价，鼓励和指导各行政区域制定相应政策，促进全国范围内各区域学前教育的均衡化。该法明确规定，市政府负责建立和管理公立幼儿园，支付工作人员工资。鼓励社会各界，特别是家长参与幼儿教育，建立幼儿教育社会伙伴网络。2014年，英国国会通过《儿童家庭法案》。其第86条规定，地方政府在学前教育中的职责——涉及幼儿福利的一般职责，早教服务的特殊职责，与相关合作者共事职责，保证为双职工父母提供充分儿童保育的职责，保证早期保育供应免费的职责，为儿童保育者提供信息、建议、援助和培训等职责。2007年，日本国会通过《学校教育法》。其第24条规定，与幼儿教育有关的各类问题，幼儿园应与监护人、当地居民及其他有关系者商讨，提供必要的信息及建议，努力为家庭及该地域幼儿教育提供支援。2006年，日本国会修订《教育基本法》。其第11条规定，鉴于幼儿教育是培养终身人格基础的重要环节，国家和地方公共团体通过建设有助于幼儿健康成长的良好环境等方法，推进幼儿教育发展。日本《幼儿园教育要领》第3章第1~8条规定，幼儿生活以家庭为基础，应通过社会逐渐扩展，重视与家庭合作，幼儿园生活应与家庭、社区保持连续性的状态下开展。应积极使用社会中的自然、人才和公共设施等资源，使幼儿获得丰富的生活体验。幼儿园应与家庭合作，建立与监护人交换信息、监护人与儿童共同活动等机制，深化监护人对幼儿期教育的理解，提高监护人与幼儿园共同教育幼儿的意识。日本法律规定，社区、家庭参与学前教育注重提高家庭成员学前教育素养，形成专业化、高质量的学前教育机构与社区、监护人良性互动互补的学前教育格局。

三 儿童本位与社会本位的均衡

发达国家学前教育法律贯穿儿童本位与社会本位的均衡。发达国家教育立法强调"主体教育"，既重视儿童的主体性，又面向未来，超前规划，为国家和民族的未来奠基。发达国家学前教育课程设置，尊重儿童主体地位，遵循儿童身心发展规律，打破狭窄的社会中心课程定位。2011年7月，韩国教育部颁布《三至五周岁幼儿教育课程标准》，培养幼儿基本能力和优良品德，促进儿童身心均衡发展，培养民主公民是学前教育的目标。《每个学生都成功法案》明确规定，分不同年龄段设置学前课程标准，通过活动来探索科学、艺术、阅读、写作、戏剧、音乐、体育、语言、数学等领域，每天都有户外游戏，不倡导电子游戏。同时法案明确规定，联邦教育部负责成立总统学院和国会学院，以培养幼儿的国家价值观。该法案规定，充分发挥信息技术在课堂教学、教育管理和优质教育输出中的作用，要融合面对面、小组合作等多种学习方式，开展数字化时代的混合式学习。美国注重培养学生高级思维技能和批判性思维、解决问题、合作学习、创造性等能力，尊重儿童独特个体，凸显儿童自身价值，为国家未来储备全方位人才。值得注意的是，混合式学习是信息技术在教育中运用的未来趋势。在全球化变革的大背景下，芬兰正在发生前所未有的变化，产业结构升级换代，高素质人力资源短缺，社会日益呈现多元化趋势。为应对这些变化，2010 年芬兰国家教育委员会修订《学前教育国家核心课程》（*National Core Curriculum for Pre-primary Education*），培育儿童综合素养是学前课程改革的目标。第一部分指出，芬兰学前教育致力于培养人权意识，这是宪法规定的社会基本价值观。同时规定课程标准——语言与互动、数学、道德宗教、环境与自然探索、健康、身体与运动发展、艺术与文化，以游戏玩耍和运动锻炼为主，培养儿童的创新能力，激发儿童好奇心，开发儿童想象力，培养儿童审美力，实现寓乐于教。第六部分指出，根据不同语言和文化团体，依据特殊教育任务，学前教育机构提供相应的语言教育。这使该课程标准更加具体适用，具有弹性。弹性化的课程设

置，使各地区学前教育操作更灵活，也更符合实际需要，从而
保证教育的持续性和完整性。2007年，日本国会通过《学校
教育法》。其第23条规定幼儿园教育五项具体目标：培养健
康、安全的幸福生活所必需的基本习惯，促进身体各种机能的
协调发展；通过集体生活，培养快乐地参加集体活动的态度，
加深对家人和周围人的信赖感，培养自主、自律与协作精神，
以及规范意识的萌芽；培养对生活、生命和自然的兴趣、理
解、态度和思考力；通过日常会话、读书、看童话故事等活
动，培养语言表达能力和愿意理解他人语言的态度；通过音
乐、身体表现和造型活动，培养丰富的感性和表现力。其目的
是让每个孩子成为真正意义上的日本人。可见，相对于学业准
备来说，日本学前教育更注重通过集体活动促进幼儿社会性和
情感发展，培养儿童国家价值观和民族意识。

四　财政投入与家庭投入的均衡

发达国家学前教育法配有财政专项拨款，力求学前教育投
入均衡化，首先主要体现在政府财政投入和家庭投入比例均
衡，其次体现在政府财政专项拨款方向和年度拨款额均衡，优
化学前教育投入结构，为每个儿童享有优质学前教育提供物质
基础。2011年2月美国国会通过的《全民学前教育法》规定，
2012年财政拨款100亿美元，2013年财政拨款200亿美元，

2014 年财政拨款 300 亿美元，2015 年财政拨款 400 亿美元，2016 年财政拨款 500 亿美元，用于 3～5 岁儿童的教育，使其获得优质学前教育，学前教育费用由政府与家庭共同承担。2014 年 2 月 3 日，美国国会通过《支持学前教育法》。其第 12 条规定，从 2015 财政年度至此后的 4 个财政年度，为实施本法，授权每一财政拨款 3.5 亿美元。依据本条，2015 年财政年度拨款应于 2016 年 9 月 30 日之前下拨。《每个学生都成功法案》第 1002 条规定，国家用于各州基础教育项目改进的 2017～2020 年财政年度拨款如下：（1）2017～2020 年，地方财政年度拨款分别为 150.12 亿美元、154.57 亿美元、158.97 亿美元、161.82 亿美元；（2）州教育评估年度拨款 3.78 亿美元；（3）移民儿童教育年度拨款 3.75 亿美元；（4）地处边缘地区儿童教育年度拨款 0.48 亿美元；（5）联邦教育活动年度拨款 71 亿美元。美国学前教育以联邦政府财政拨款为主，以家庭投入为辅。各州基础教育的年度拨款，平均拨款总额度约为 164.38 亿美元。该法案第 1201 条规定，联邦教育部应该为每个州每年度提供不少于 150 万美元的拨款津贴，用于审计各州评价体系。第 1301 条规定，各州基于前三年的数据，统计 3 岁到 21 岁有入学资格的移民儿童，根据其数额给予帮助和服务，移民儿童可获得各州平均经费 40% 的额外费用。第 2221 条规定，应为早期儿童教育计划、低收入学区和合作伙伴提供针对性津贴补助。第 4601 条规定，联邦 2017～2018 年度拨款2.01亿美元，2019～2020年度拨款2.21亿美元，用于开展学前教育创新与研究、幼儿教育机构创办、校园安全等全国性活动。美国学前教育财政拨款贯穿均衡取向，财政拨款方向明确，并且针对性与可操作性强，但多数家庭仍面临"水涨船高"的日托费用。2016年9月，华盛顿"新美国智库中心"公布"养育索引"，显示在全天型日托中心，每个孩子年平均花费9589美元。各州收费标准存在较大差异，马萨诸塞、纽约、加利福尼亚等收费超过1万美元，密西西比、肯塔基、南卡罗来纳州等收费较低，低于1万美元。芬兰《学前教育法》明确规定，公立幼儿园收费标准基于家庭收入情况，最高每月254欧元，日托费用和学前教育费用主要由国家承担，家长承担少量费用。如果母亲在家照顾3岁以下幼儿，可领取"妈妈费"，即家庭看护补贴。"妈妈费"数额取决于母亲怀孕前一年收入缴纳的税额。韩国《幼儿教育法》第24条规定，小学入学前三年的幼儿教育免费，免费的内容和范围由总统令确定。免费教育所需经费由国家及地方自治实体负担，国家及地方自治实体负担的经费由教育部在预算范围内与相关行政机关协商告知。第26条规定，国家及地方实体根据总统令，给予私立幼儿园的设立及教师工资等经费全部或部分补助。第27条规定，国家及地方自治实体对运行课后课程、超授课日期运行的幼儿园，根据总统令补助相关运营经费，主要由财政承担，家长承担极少的零食等费用。第28条规定，幼儿的监护人在使用欺骗手段或其他方式得到支援费用时，国家及地方自治实体可令其返还全部或部分费用。这反映出对参与学前教育服务的家庭，韩国政府给予相应资助或补助，以加速推进学前教育优质均衡发展。

总的来说，发达国家普遍将学前教育作为政府的重要公共服务，但也不是"大包大揽"，一般由中央政府与地方政府主导，采取"财政承担大头、家长承担小头"的分担方式。其中既有对特定年龄段学前教育实施免费政策，也有对特定年龄段学前教育采取财政资助补助，同时充分调动社会资源，追求高水平均衡学前教育经费承担比例，合理确定国家、地方财政承担与家庭承担的比例，为儿童获得优质学前教育提供坚实保障，推进学前教育事业发展。

第7期

韩国《产业教育振兴与
产学研合作促进法》

全春花　译　高露　校

内容提要

为建设中国特色国家创新体系，加强产业与教育深度融合，完善产学研合作模式和机制，融入世界产业教育改革发展潮流，科学借鉴和吸纳发达国家和新兴工业化国家产业教育与产学研合作立法经验，本期刊载韩国《产业教育振兴与产学研合作促进法》第一章至第四章。在全球化条件下，韩国全力推进创新型国家建设。为有效应对全球化与新产业革命的挑战，韩国不断修订、完善《产业教育振兴与产学研合作促进法》，培养21世纪经济社会发展急需的新型人力资源。

2016年3月22日，韩国国会修订通过《产业教育振兴与产学研合作促进法》，2016年9月23日施行。

第一章 总则

第一条 目的

本法旨在振兴产业教育、促进产学研合作，以教育与科研为基础，培养适应产业与社会发展需求的创新型人才，建立有效的研发体制，推动产业界新知识、新技术的开发、传播、普及，推进国家发展。

第二条 本法所用术语定义如下

1. "产业教育"是指对受教育者实施可从事产业或创业所需的知识、技术和职业道德的教育。

2. "产业教育机构"是指从事产业教育的以下相关学校：

a. 与产业需求相关的教育机构，或培养特定领域人才的学校，由总统令规定的高中、高级技术学校；

b. 开设职业教育课程的特殊学校；

c. 大学（《高等教育法》第2条所列学校，根据其他法律设立并符合总统令规定的标准的高等教育机构）。

3. "产业教员"是指从事产业教育的教员，须符合《初中等教育法》第19条及《高等教育法》第14条规定之资质。

4. "产业咨询"是指产业教员、产业教育机构对产业实体的经营、产业技术改良和开发相关事宜提供咨询服务，产业实体向产业教员、产业教育机构提供咨询服务。

5. "研究机构"是指以下各项研究机构：

a.《特定研究机构培养法》所列之研究机构；

b. 公立研究机构；

c. 根据《政府出资研究机构等的设立、运营及培养相关法律》设立的研究机构；

d. 根据《科学技术领域政府出资研究机构等的设立、运营及培养相关法律》设置的研究机构；

e. 符合《产业技术革新促进法》第42条的专业研发技术研究所；

f. 根据民法或其他法律设立的其他法人研究机构，并符合总统令规定标准的研究机构。

6. "产学研合作"是指产业教育机构同国家、地方自治团体、研究机构、产业实体开展合作。合作内容如下：

a. 培养产业实体需要和符合未来产业发展的人才；

b. 共同研发、传播新知识、新技术；

c. 向产业实体提供技术转让和产业咨询；

d. 共同利用人才、设施、装备等有形资源或无形资源。

7. "学研教员"是指依据大学和研究机构协议，在双方机构内从事教育及科研的人员。

8. "产学研合作技术控股公司"（以下简称"技术控股公司"）是指产学合作团、总统令规定的技术产业化的研究机构持有其他公司股份（包含股票，以下同）的公司。

9. "子公司"是指技术控股公司控制、支配的公司，其以技术为基础。

第三条 学生前程指导

1. 国家和地方自治团体须制定并实施关于学生前程指导政策，使学生获得与个人素质和能力相符的产业教育。

2. 学生前程指导政策由总统令规定。

第四条 国家和地方政府的职责

1. 为了振兴产业教育，促进产学研合作，国家应履行以下职责：

a. 制定振兴产业教育综合计划；

b. 设立产业教育机构；

c. 扩充及维护产业教育所需设施、设备；

d. 制定产业教育实习计划；

e. 制定产业教员研修计划；

f. 制定产业教育机构毕业生的就业筛选和改善技术教育计划，制定产业教育机构学生的创业援助计划；

g. 制定产学研合作政策；

h. 国家奖励在产业教育中作出显著成绩的单位和个人；

i. 关于振兴产业教育和推动产学研合作的其他事项。

2. 产学研合作政策应包含以下内容：

a. 产学研合作促进中长期政策目标实现；

b. 培养产业人才；

c. 提高产学研的人才流动性；

d. 促进产学研协同研究；

e. 推进产学研技术转让及产业化；

f. 共享研究设施、设备、信息等。

3. 地方政府应制定第 1 款中各项业务所需的详细计划。

第二章　振兴产业教育

第五条　删除〈1997 年 3 月 27 日〉。

第六条　加强短期产业教育设施建设

1. 为了鼓励在产业实体工作或希望从事产业工作的人，国家和地方政府应当加强短期产业教育设施建设。

2. 短期产业教育应配备教育课程所需的教员和基本设施。

3. 对于高中毕业或具有相当学历的人，《高等教育法》第 2 条第 4 款规定之专业大学，教育部认定的具备大学资质的教员，或在短期产业教育中完成相当于大学教育课程者，根据教育部令，承认此人具有大学学历。

4. 关于短期产业教育需要的教员与基本设施的标准由总统令规定。

第七条　设置特殊课程

1. 为了推动产业技术发展和产业高端化，产业教育机构负责人可以设置特殊课程。

2. 国家和地方政府可以设置特殊课程，培养复合型人才及青年创业者。

第八条　设置协议性职业教育培训课程

1. 产业教育机构如符合以下任意一项，可根据与国家、地方政府或产业实体等的协议，按区域与产业教育机构合作，或产业教育机构自行设置职业教育培训课程。上述情况，需要设立新学科、新学部时，应优先利用原有的学科、学部或类似学科、学部。

a. 国家、地方政府或产业实体等以聘用为条件，签署学费补助合同，要求开设特殊教育课程；

b. 为了推进职员继续教育、提高职员职业能力，国家、地方政府或产业实体等要求开设特殊教育课程。

2. 根据第 1 款设置协议学科或学部（以下简称协议学科等）时，产业教育机构负责人应向教育部报告其开设课程计划。

3. 产业教育机构负责人废除协议学科时，应根据总统令的规定，向教育部报告废除计划。

4. 产业教育机构和产业实体等应遵循学科设置标准。

5. 职业教育培训课程的设置、学生选拔方式、计划招生人数、收费标准及其他事项由总统令规定。

第八条之一　协议学科等处置

1. 产业教育机构违反第 8 条规定时，依据总统令规定期限，教育部处置新设置的协议学科。

2. 产业实体等违反第 8 条第 4 款，教育部处置其新设置的协议学科。

3. 处置新设的协议学科相关事项由总统令规定。

第八条之二　报告、检查等

1. 教育部认为必要时，要求产业教育机构负责人提供协议学科的完整报告或数据资料。

2. 教育部认为必要时，可令公务员检查产业教育机构的账簿、文件等。

3. 公务员检查产业教育机构时，公务员应向其负责人出示相关文件或证明。

第九条　产业咨询

1. 产业教员可向同专业或相关领域的产业实体负责人进行产业咨询。

2. 产业教育机构负责人或产业教员为产业实体负责人提供产业咨询。

3. 为了改良和开发产业技术，需使用产业教育机构或产业实体的研究器械，产业教员同产业实体负责人应协商后使用。

4. 产业咨询和使用研究器械的相关事项由总统令规定。

第十条　维护实验、实习设施

1. 产业教育机构应配置产业教育所需的实验、实习设施，并定期进行维护。

2. 产业教育机构设施、设备标准由总统令规定。

第十一条　实验、实习经费

公立产业教育机构的实验、实习预算，国家和地方政府应给予特殊补贴，以振兴产业教育。

第十一条之一　培养产业技术人才

1. 为了培养产业技术人才，教育部应履行以下职责：

a. 建立符合企业需求的技术人才培养体制；

b. 拓展产学研合作以培养优秀人才；

c. 推动产学研合作教育改革，支持青年创业，培养复合型人才；

d. 培养战略性技术人才；

e. 培养引领区域发展的技术人才；

f. 加强技术人才的继续教育；

g. 加大中小企业技术人才供给；

h. 培养女性技术人才；

i. 培养产业技术人才相关事项由总统令规定。

2. 为了落实第1款中的各项政策，国家和地方政府应为研究机构、大学或其他总统令规定的机构、团体等提供全部或部分费用。

第十二条　产业教员的资格、定员及待遇

基于产业教育特殊性和重要性，国家及地方政府对产业教员的资格、定员及待遇，应采取特殊措施。

第十二条之一　评价产学研合作业绩

产业教育机构负责人应采取必要措施，以合理方式评价产业教员参与产学研合作的业绩。

第十三条　供应新机器

1. 复合型技术能显著改善新机器和新技术研发时，应优先提供给产业教育机构，并教授复合型技术。

2. 新机器和新技术应当优先供应给产业教育机构。

3. 新机器和新技术优先供应产业教育机构的相关事项由总统令规定。

第十三条之一　建设产业教育中心等

1. 为了加强产业教育，教育部有权设置产业教育中心，或设置指定产业教育中心。

2. 产业教育中心履行以下职责：

a. 开发与普及产业教育教材；

b. 产业教员的教育及研修；

c. 构建产业教育机构间的合作网络；

d. 拓展产业教育相关领域。

3. 指定产业教育中心违反以下任意一条，教育部有权取消其资格：

a. 以造假或其他不正当方法获取指定资格；

b. 不具备指定资格；

c. 业务执行能力显著不足。

4. 教育部取消指定的产业教育中心，需进行听证。

5. 产业教育中心的指定、标准、程序等相关事项由总统令规定。

第三章

第十四条 删除〈2010 年 3 月 17 日〉。

第十五条 删除〈1997 年 3 月 27 日〉。

第十六条 删除〈1997 年 3 月 27 日〉。

第十七条 删除〈1997 年 3 月 27 日〉。

第四章 国家和地方政府的负担

第十八条 实验、实习设施设备经费

1. 国家和地方政府负担公立产业教育机构实验、实习设施设备经费和维护经费。

2. 国家按照总统令补助地方政府负担的全部或部分实验、实习设施设备经费。

第十九条 实验、实习设施设备经费

1. 在预算范围内，国家和地方政府负担公立产业教育机构运营、实验、实习经费。

2. 国家按照总统令补助地方政府负担的全部或部分经费。

3. 国家负担地方政府产业教员在职教育全部或部分经费。

第二十条　私立学校设施的补助

1. 国家和地方政府为私立产业教育机构提供实验、实习设施补助。

2. 国家补助标准由总统令规定，地方政府补助标准由地方政府条例规定。

第二十一条　删除〈1997 年 3 月 27 日〉。

第二十二条　教育课程开发及发行教材等

1. 国家为产业教育相关教育课程开发和教材的编撰、鉴定及发行等采取特殊措施，以振兴产业教育。

2. 在国家财政预算范围内，国家补助产业教育课程开发及教材发行的部分费用。

3. 补助金标准由总统令规定。

第二十二条之一　教育课程评价、鉴定

第三方机构对产业教育课程进行评价与鉴定，国家和地方政府给予财政支持。

第二十三条　奖学金

1. 国家和地方政府设立奖学金。

2. 奖学金标准由总统令规定。

第8期

韩国《产业教育振兴与产学研
合作促进法》（续）

全春花　译　高露　校

内容提要

为建设中国特色国家创新体系，加强产业与教育深度融合，完善产学研合作模式和机制，融入世界产业教育改革发展潮流，科学借鉴和吸纳发达国家和新兴工业化国家产业教育与产学研合作立法经验，本期刊载韩国《产业教育振兴与产学研合作促进法》第五章至第六章。在全球化条件下，韩国全力推进创新型国家建设。为有效应对全球化与新产业革命的挑战，韩国不断修订、完善《产业教育振兴与产学研合作促进法》，培养21世纪经济社会发展急需的新型人力资源。

第五章　促进产学研合作

第二十四条　产学研合作合同

1. 产业教育机构负责人同国家、地方政府、研究机构及产业实体等签署产学研合作合同（以下称产学研合作合同）。

2. 根据第 25 条设立的产学合作团，可视为产业教育机构负责人将产学研合作合同权委托于产学合作团团长。

3. 产学研合作合同遵循互惠、自愿原则。

4. 产学研合作合同应包含以下事项：

a. 关于履行产学研合作合同经费（设施、装备、人力、知识产权等费用）的负担或补充事项；

b. 关于履行产学研合作合同成果归属及分配相关事项。

5. 产学合作团同大学法人签署的产学研合作合同，可视为产学合作团团长签署。

第二十五条　设立产学合作团

1. 依据大学章程，大学可以设立产学研合作机构。

2. 产学合作团为法人。

3. 根据总统令，产学合作团在机构主体所在地登记注册，方可成立。

4. 产学合作团名称标注相关学校名称。

5. 如产学合作团解散，其财产应归属相应学校。此时，根据

《私立学校法》第29条第2款，学校法人财产并入校产。

6. 关于产学合作团的地址、登记、财产目录、理事、解散及清算等，遵守《民法》第34～36条、第50～52条、第53条、第54条、第55条第1款、第59条第2款、第61条、第65条、第81～95条。关于产学合作团的清算人，遵守《民法》第59条第2款、第61条、第65条。

第二十六条　章程

大学设立产学合作团，应制定包含以下各项内容的章程：

a. 目的；

b. 名称；

c. 主体机构所在地；

d. 业务及其相关事项；

e. 财产和会计相关事项；

f. 内部组织设置相关事项；

g. 团长、研究员任免相关事项；

h. 代理团长的职务相关事项；

i. 变更章程相关事项；

j. 解散相关事项；

k. 公告方法相关事项。

第二十七条　产学合作团的业务

1. 产业合作团履行以下各项业务：

a. 签署与履行产学研合作合同；

b. 产学研合作事业相关的会计管理；

c. 知识产权获取及管理相关业务；

d. 大学设施及运营；

e. 技术转让和促进产业化相关业务；

f. 研究员与职员的奖励事项；

g. 为产业教育机构教员和学生提供创业支援以及企业家精神修养；

h. 其他与产学研合作相关事项，由总统令规定事项。

2. 公立大学可以不按《技术转移及事业化促进法》第11条第1款及第2款，将负责技术转移与产业化的组织设立为产学合作团的下属组织。按照《发明振兴法》第10条第2款，可将产学合作团视为《技术转移及事业化促进法》第11条的专门组织。

3. 根据第29条，大学可以将专门负责第1款第7项业务的组织设置为产学合作团的下属组织。

第二十八条 产学合作团团长

1. 设置产学合作团团长1人。

2. 产学合作团团长是产学合作团理事。

3. 产学合作团团长代表产学合作团，接受相关大学的指导与监督，总管其所辖业务。

4. 产学合作团团长由相关大学任免。任免相关事项由章程规定。

5. 产学合作团团长因不可抗力因素无法执行职务时，根据章程，由候任负责人代为履职。

第二十九条　产学合作团的组织

根据章程规定，产学合作团可以设置执行业务的下属组织。

第三十条　事业年度

产学合作团的事业年度与相关大学会计年度一致。

第三十一条　收入

1. 产学合作团应将以下各项视为收入：

a. 来自国家或地方政府的拨款；

b. 根据第 24 条第 1 款产学研合作合同的收入金、有价证券、其他具有财产价值的物品；

c. 产学研合作产生的成果收益、有价证券、其他有财产价值的物品；

d. 根据产学研合作合同接受的资助；

e. 根据第 36 条，产学合作团由大学、企业提供的资助；

f. 技术控股公司提供的股息及其他收益；

g. 由总统令规定的其他利息收入。

2. 在产学合作团设立时，第 1 款之收入，大学应向产学合作团出示。此种情况下，私立大学不需履行《私立教育法》第 29 条第 6 款。

第三十二条　支出

1. 产学合作团可作以下支出：

a. 产学合作团的管理经费；

b. 履行产学研合作合同的经费；

c. 使用大学设施设备的经费；

d. 对第 31 条第 1 款第 2 项到第 7 项的收入作出贡献的教职员及学生给予的补偿金；

e. 根据第 36 条，公立大学或产学合作团成立学校企业的经费；

f. 技术控股公司的出资；

g. 第 38 条的事业费及运营经费；

h. 其他产学研合作合同认定为必需的经费，由总统令规定的经费。

2. 第 1 款第 4 项的补偿金支付标准和程序及其他必要事项由总统令规定。

第三十二条之一　债务担保限制

产学合作团不可为他人担保债务，或给予他人提供担保。

第三十三条　会计原则

1. 产学合作团会计应清晰地记录收支、财产增减及变动状态。

2. 产学合作团会计事项由总统令规定。

第三十四条　聘用研究员

1. 产学合作团聘用研究员和职员，研究员与职员报酬由产学团支付。

2. 聘用研究员和职员时，产学团规定工作期限、工资、工作条件等标准。

3. 大学可以与产学合作团团长商议，保留研究员和职员所在大学职务。

4. 大学应产学合作团团长的要求，敦促所属教职员履行其在产学合作团的职责。

第三十五条 获取、管理知识产权

1. 根据产学研合作合同，产学合作团可以获得、使用、管理知识产权的权利。

2. 对获取知识产权的产学合作团，国家和地方政府应当给予部分经费。

3. 为了技术转移及促进产学研合作，在签署产学研合作合同时，产学合作团应获得管理知识产权的经费。

4. 产学合作团制定获取、管理知识产权、技术转移、产业化等规定，并有效实行。

5. 获取、管理知识产权、技术转移、产业化等相关规定，应包含以下各项：

a. 知识产权的专利、登记、保护、转移及利用相关事项；

b. 技术产业化的知识产权利用范围、基本条件等相关事项；

c. 技术转移、产业化情报的等级管理事项；

d. 研究者（发明人）、技术转移贡献者的补偿事项；

e. 促进技术转移、产业化的事项。

第三十六条　学校企业

1. 产业教育机构、产学合作团设置现场实习课程、特定学科，直接制造、加工、修缮、贩卖物品，设置委托部门（以下简称学校企业）。为进行此项活动，不得影响正常教学，或强制学生和教职员参与。

2. 学校企业收入应按照以下各款分别计入会计账目：

a. 产业教育机构设置学校企业：产业教育机构会计（公立大学指产学合作团会计）；

b. 产学合作团设置学校企业：产学合作团会计。

3. 学校企业经营事项由总统令规定。

第三十六条之一　成立技术控股公司

1. 产学合作团、总统令规定的产业教育机构可单独，或与以下任意一项机构共同成立技术控股公司。

a. 其他大学的产学合作团；

b. 学校法人（学校无产学合作团）；

c. 研究机构。

2. 技术控股公司应符合以下各款规定，并获得教育部许可。技术控股公司获得许可证相关程序由教育部令规定。

a. 股份公司；

b. 人员不含《国家公务员法》第 33 条第 1 款规定之范畴；

c. 产学合作团等（与第 1 款各机构共同设立技术控股公司时，包含第 1 款的各机构）技术出资应超过本金 30%，并持有发行股份总数 50% 以上；

d. 具备总统令规定之其他条件。

3. 根据《技术转移及产业化促进法》第 35 条第 1 款，产业合作团等向技术控股公司技术出资时，有指定技术检测机构对其价值进行评估，并报告法院，无须提供《商法》第 299 条及第 310 条规定之调查报告或鉴定。

4. 技术控股公司成立子公司、经营管理及与技术控股公司的相关业务遵循总统令之规定。

5. 国家、地方政府为技术控股公司提供部分或全部费用。

第三十六条之二　成立子公司的方式

1. 技术控股公司可利用产学合作团或研究机构所有的技术成立子公司。

2. 技术控股公司可直接成立子公司，通过购买总统令规定之公司股票，或收购股份等方式成立子公司。

3. 子公司应为股份公司或有限公司。

4. 删除〈2011 年 7 月 25 日〉。

5. 删除〈2011 年 7 月 25 日〉。

6. 删除〈2011 年 7 月 25 日〉。

7. 删除〈2011 年 7 月 25 日〉。

第三十六条之三　子公司的出资等

1. 为子公司进行技术投资时，技术控股公司遵守第 36 条第 2 款第 3 项。

2. 技术控股公司出资的技术须根据第 2 条第 6 款的条例，在章程认证之日起一年以内，由《技术转移及产业化促进法》第 23 条规定的技术评估机构进行技术评估。

3. 技术控股公司 6 个月内出资到子公司时，可按照技术控股公司最初评估金额计算子公司的出资额。

4. 技术控股公司应持有子公司 20% 以上股份，总统令另有规定者除外。

5. 禁止技术控股公司对子公司进行担保。

6. 子公司不准持有技术控股公司股份或其他子公司股份，以下情况可例外：

a. 公司合并或转让经营；

b. 担保或清算物品。

7. 根据第 6 款的内容，出资公司可在 6 个月内对获得股份进行处理。

第三十六条之四　技术控股公司名称

1. 技术控股公司应使用合作大学名称（与第 36 条第 2 款第 1 项的机构共同设立技术控股公司时，包含第 36 条第 2 款第 1 项各个机构）并明确标注技术控股公司字样。

2. 非技术控股公司不准使用技术控股公司字样或相似名

称，违反该规定者，按照《商法》第 28 条处理。

第三十六条之五　利润分红的使用

1. 从技术控股公司获得的分红或其他收入，产学合作团可用于第 27 条第 1 款规定的相关业务和大学科研活动。第 27 条第 1 款第 4 项，可用于大学科研活动直接相关业务，仅限于总统令规定之业务。

2. 从技术控股公司获得分红或其他收入，研究机构可用于研发活动，或技术控股公司的再投资等。

第三十六条之六　教职员、研究人员的兼职及停职

1. 大学教职员、研究机构职员获得所属机构负责人许可，可兼任技术控股公司及子公司的法人代表或职员。担任法人代表或职员的人员，在原机构的停职事项由总统令规定之。

2. 大学教职员、研究机构职员兼职或停职，其身份不发生变化。

第三十六条之七　撤销技术控股公司许可证等

1. 符合以下任意一款，教育部令技术控股公司限期整改。

a. 不具备第 36 条第 2 款第 2 项规定的设置许可条件；

b. 进行第 36 条第 2 款第 4 项规定以外的业务；

c. 违反第 36 条第 6 款之规定。

2. 符合以下任意一项，教育部可取消根据第 36 条第 2 款第 2 项发放的许可。

a. 弄虚作假或采用其他不当手段获得许可；

b. 没有执行限期整改命令。

第三十六条之八　听证

根据第 36 条第 8 款第 2 项，教育部取消技术控股公司许可证应进行听证。

第三十六条之九　商法

除本法规定的事项外，技术控股公司及子公司须遵守商法。

第三十七条　合作研究机构

1. 大学法人无须遵守《国有财产法》第 18 条、第 27 条，《公有财产及物品管理法》第 13 条、第 19 条，《高等教育法》第 4 条，《私立学校法》第 5 条，其可为合作研究机构提供场地、基础设施等。

2. 大学向合作研究机构租赁场所时，以共同使用合作研究机构的设施、器材及人力为条件。

3. 合作研究机构合同到期后（包含更新），合作研究机构可将相应建筑物或其他研究设施捐赠与大学，或恢复原状后返还。

第三十七条之一　共同利用人力资源

1. 大学负责人和研究机构负责人商议，确定共同利用人力资源的相关事项。

2. 大学教员获得双方负责人许可后，在保留原有职位的前提下，成为合作研究机构的学研教授，与此相关事项由总统令规定。

3. 研究机构所属研究员在获得双方责任人许可后，保留原有职位，可担任学研教授，与此相关事项由总统令规定。

第三十七条之二　派遣

1. 根据《国家公务员法》第 32 条第 4 款及《地方公务员法》第 30 条第 4 款，将公立大学教员以研发为目的派遣到研究机构时，所属大学负责人应予以允许。

2. 受派遣的教员酬金由所属研究机构支付，并经双方商议后进行调整。

3. 受派遣的教员不因此发生身份变化。

第三十七条之三　共同利用研究装备

1. 国家应完善研究装备利用体制及人才信息交流机制。

2. 私有产业实体向公共产业实体申请使用研究装备时，公共产业实体在确保不影响自身业务的前提下应积极协助。

第三十八条

产学研合作团、研究机构、团体及产业实体可以组建产学研合作会。

a. 共同进行产学研合作事业；

b. 交流产学研合作信息；

c. 产学研合作业务负责人间的交流及能力开发；

d. 产学研合作促进产学研合作成果传播等。

第三十九条　产学研合作的资助等

1. 为了促进产学研合作，国家和地方政府给予产学合作团财政支持。

2. 国家、地方政府与产业教育机构推进产学研合作，产业教育机构负担一定经费时，应考虑产学研合作性质和目的，将经费控制在最低额度。

第三十九条之一　产学研合作的管理

1. 为了促进产学研合作的政策有效执行，国家和地方政府对产学研合作进行管理。

2. 为了进行有效管理，国家和地方政府规定产业教育机构和研究机构、产业实体等提供最新基本资料。

3. 管理对象由总统令规定。

第四十条　学费贷款

产业教育机构为学生提供学费贷款，并根据学生勤勉工作情况免除其学费贷款，以及提供其他相关资助。

第六章　附则

第四十一条　国际合作

国家和地方政府应积极地开展国际合作。

a. 交流产业教育相关信息；

b. 产业教员的交流及研修；

c. 参加产业教育相关活动；

d. 开展振兴产业教育的国际合作。

第四十二条 学习者补助金

1. 按照总统令规定，国家和地方政府可以对学员提供部分学费补助。

2. 为了建立技术学院，国家和地方政府提供行政、财政支援。

第四十三条 业务委托

1. 教育部可将部分产业教育及产学研合作相关事务委托给总统令规定的法人或团体。

2. 委托的程序按照行政权限委任及委托相关规定执行。

第四十四条 公务员适用制度

根据本法受委托的法人或团体职员适用《刑法》第129条至第132条，应视为公务员。

第四十五条 保密

根据本法受委托部分的法人或团体职员执行业务时，严守保密规则，不泄密。

第四十六条 处罚

在执行业务过程中，泄露机密的人应处3年以下有期徒刑，或3000万韩元以下罚款。

附则〈法律第4880号，1995年1月5日〉

1. （施行日）该法自1995年3月1日开始施行。

2.（现场实习相关措施）该法施行前，产业实体现场实习应遵循第 8 条规定。

3.（修订其他法律）商会法进行以下修正：第 5 条第 15 款定为 16 款，同条中的第 15 款按照以下新设。第 15 款成立产业教育协议会。

附则〈法律第 5316 号，1997 年 3 月 27 日〉《产业教育训练促进法》

1. 第 1 条（施行日）该法自 1997 年 4 月 1 日开始施行。

2. 第 2 条（修订其他法律）。

a. 产业教育振兴法修订以下内容：

a）删除第 2 条第 5 款。

3. 第 4 条第 1 款第 7 项删除产学协同。

4. 删除第 5 条及第 8 条。

5. 删除第 3 章题目中"产业教育协议会"。

6. 删除第 14 条第 2 款，同条第 3 款中"根据总统令，第 2 款地方审议会的组织和运营所需事项由地方政府条例制定"修改为"由总统令规定"。

7. 删除第 15 条至第 17 条及第 21 条。

附则〈法律第 6400 号，2001 年 1 月 29 日〉《政府组织法》

1. 第 1 条（施行日）该法自公布之日起施行。

2. 第 2 条省略。

3. 第 3 条（修订其他法律）第 1 款到第 17 款省略。

4. 第 3 条第 18 款《产业教育振兴法》遵循以下内容修正：

a. 第 14 条第 1 款"教育部"改为"教育人力资源部"。

5. 第 3 条第 19 款至第 79 款省略。

6. 第 4 条省略。

附则〈法律第 6878 号，2003 年 5 月 27 日〉

1.（施行日）该法自 2003 年 9 月 1 日起施行，除第 26 条，修正规定自 2004 年 3 月 1 日起施行。

2.（设立产学合作团）为了设立产学合作团，大学可修订大学章程。

3.（修订其他法律）产业教育训练促进法作以下修订：

a. 第 2 条第 1 款中"《产业教育振兴法》"修改为"《产业教育振兴及产学合作促进法》"。

4.（与其他法的关系）该法施行时，其他法律中引用《产业教育振兴法》，以该法为参照本。

附则〈法律第 7869 号，2006 年 3 月 3 日〉《发明振兴法》

1. 第 1 条（施行日）该法自公布 6 个月后施行。

2. 第 2 条至第 5 条省略。

3. 第 6 条（修订其他法律）。

4. 将《产业教育振兴及产学合作促进法》修订如下：

a. 第 27 条第 2 款后段中"《特许法》第 39 条第 2 款"改为"第 8 条第 2 款"。

附则〈法律第 8108 号，2006 年 12 月 28 日〉《技术转移及应用促进相关法》

1. 第 1 条（施行日）该法自公布 6 个月后施行。

2. 第 2 条省略。

3. 第 3 条（修订其他法律）。

a. 第 1 款至第 5 款省略；

b. 第 6 款将产业教育振兴及产学合作促进相关部分法律，按照以下修订：第 27 条第 2 款前段中"《技术转移促进法》第 9 条第 1 款及第 3 款的规定"修改为"《技术转移及应用促进法》第 11 条第 1 款及第 2 款规定"，同一段中"《技术转移促进法》第 9 条的规定"修改为"《技术转移及应用促进法》第 11 条规定"；

c. 第 7 款省略。

4. 第 4 条省略。

附则〈法律第 8357 号，2007 年 4 月 11 日〉《发明振兴法》

1. 第 1 条（施行日）该法自公布之日起施行。

2. 第 2 条至第 5 条省略。

3. 第 6 条（修订其他法律）。

a. 第 1 款省略；

b. 第 2 款产业教育振兴及产学合作促进相关法律部分修订如下：《发明振兴法》第 8 条第 2 款调整到第 10 条第 2 款；

c. 第 3 款、第 4 款省略。

4. 第 7 条省略。

附则〈法律第 8852 号，2008 年 2 月 29 日〉《政府组织法》

1. 第 1 条（施行日）该法自公布之日起施行。根据附则第 6 条修订的法律，公布于施行前，但施行日未到的，应从各自法律施行之日起施行。

2. 第 2 条至第 5 条省略。

3. 第 6 条（修订其他法律）。

a. 第 1 款至第 84 款省略。

b. 第 85 款产业教育振兴及产学合作促进相关部分法律，修订如下：

a）除第 14 条第 1 款外，将"教育人力资源部"修改为"教育科学技术部"；

b）除第 36 条第 2 款第 2 项外，将"教育人力资源部负责人"修改为"教育科学技术部负责人"，将"教育人力资源部令"修改为"教育科学技术部令"；

c）第 36 条第 7 款第 1 项、第 2 项，第 36 条第 8 款中"教育人力资源部负责人"修改为"教育科学技术部负责人"。

c. 第 86 款到第 760 款省略。

4. 第 7 条省略。

附则〈法律第 9401 号，2009 年 1 月 30 日〉《国有资产

法》

1. 第 1 条（施行日）该法自公布 6 个月后开始施行。

2. 第 2 条至第 9 条省略。

3. 第 10 条（修订其他法律）。

a. 第 1 款至第 39 款省略；

b. 第 40 款产业教育振兴及产学合作促进相关部分法律，修订如下：第 37 条第 1 款中"《国有资产法》第 20 条及第 24 条第 3 款"视为《国有资产法》第 18 条及第 27 条；

c. 第 41 款至第 86 款省略。

4. 第 11 条省略。

附则〈法律第 10629 号，2011 年 5 月 19 日〉《知识产权基本法》

1. 第 1 条（施行日）该法自公布 2 个月后开始施行。

2. 第 2 条（修订其他法律）。

a. 第 1 款至第 14 款省略。

b. 第 15 款产业教育振兴及产学合作促进相关部分法律，修订如下：

a）第 27 条第 1 款第 3 项中"智力财产权"修改为"知识财产权"；

b）第 35 条的题目"智力财产权的取得及管理"修改为"知识财产权的取得及管理"，同条中"智力财产权"修改为"知识财产权"；

c）第 16 款至第 22 款省略。

附则〈法律第 10907 号，2011 年 7 月 25 日〉

1. 第 1 条（施行日）该法自公布 6 个月后开始施行。

2. 第 2 条（修订其他法律）。

a. 将防卫事业法部分进行以下修订：第 31 条第 1 款第 4 项中"《产业教育振兴及产学合作促进法》"修改为"《产业教育振兴及产学研合作促进法》"。

b. 法人税法部分修订如下：

a）第 18 条第 2 款第 1 项中"《产业教育振兴及产学合作促进法》"修改为"《产业教育振兴及产学研合作促进法》"，"产学合作技术控股公司"修改为"产学研合作控股公司"；

b）第 24 条第 2 款第 4 项中"《产业教育振兴及产学合作促进法》"修改为"《产业教育振兴及产学研合作促进法》"。

c. 风险投资企业培育相关的特别措施，修订如下：第 11 条第 2 款第 1 项中"《产业教育振兴及产学合作促进法》"修改为"《产业教育振兴及产学研合作促进法》"。

d. 继承税与增值税部分内容修订如下：第 48 条第 2 款第 2 项中"《产业教育振兴及产学合作促进法》"修改为"《产业教育振兴及产学研合作促进法》"。

e. 所得税税法部分，修订如下：第 12 条第 5 款第 42 项中"《产业教育振兴及产学合作促进法》"修改为"《产业教育振兴及产学研合作促进法》"。

f. 资格基本法部分，修订如下：第 2 项中"《产业教育振兴及产学合作促进法》"修改为"《产业教育振兴及产学研合作促进法》"。

g. 租税特例限制法部分修订如下：

a）第 74 条第 1 款第 1 项中"《产业教育振兴及产学合作促进法》"修改为"《产业教育振兴及产学研合作促进法》"；

b）第 104 条第 18 款第 1 项中"《产业教育振兴及产学合作促进法》"修改为"《产业教育振兴及产学研合作促进法》"。

附则〈法律第 13225 号，2015 年 3 月 27 日〉

1. 第 1 条（施行日）该法公布 6 个月后开始施行。

2. 第 2 条（申报、设置、废除协议学科等的例子）。

3. 第 8 条第 2 款及第 3 款的修改规定，适用于该法施行后第一次设置、废除协议学科等情况。

4. 该法施行时，根据之前规定设置协议学科等，须在该法施行日起 6 个月内，根据第 8 条第 2 款规定向教育部申报。

第9期

日本终身教育法治化模式述析

崔　硼　编译

内容提要

　　终身教育是建设教育强国和人力资源强国的必由之路，是实现经济社会可持续、全面发展的根本保障。20 世纪 60 年代中期以来，终身教育理念在国际社会，特别是发达国家与新兴工业化国家和地区方兴未艾。其中，日本终身教育法治化模式较为成熟：构建终身教育框架，构筑法律保障体系；关注弱势群体，不让一个人掉队；明确责任主体，推进政府职责法定化；适应时代发展变革，不断完善终身教育法律法规。日本终身教育法治化的启示：加强终身教育立法，建立健全法律体系；关注弱势群体，保障国民"学习权"；建立健全保障机制，提供物质和经费支持。

　　从全球范围来看，与普及终身教育理念相比，终身教育法治化进程相对缓慢。20 世纪 80 年代中期之前，有少数国家制定终身教育发展规划，没有国家确立终身教育法律地位以推进终身教育规范有序发展。20 世纪 80 年代以来，随着发达国家后工业社会来临，终身教育成为经济社会发展的辅助工具。发达国家、新兴工业化国家和地区逐渐将终身教育纳入法治化轨道，确立终身学习法律地位。目前在亚洲，专门的终身教育立法以日本为最早，且形成系统。在终身教育法治化方面，日本走在世界前列，是亚洲第一个颁布终身教育法的国家，形成较为成熟的终身教育法治化模式。

一　日本终身教育法治化的沿革

20 世纪 60 年代中期以来，日本逐步探索终身教育法治化道路。日本以《终身教育振兴法》为基础，陆续颁布一系列终身教育法律法规，形成较为完整的终身教育法律法规体系，为日本终身教育发展提供法律保障。日本终身教育法治化进程，大致分为三个阶段。

第一阶段（1965～1980）：终身教育理念传播与法治准备阶段。

20 世纪 60 年代中期，终身教育思想在国际上兴起。与此同时，日本迅速掀起终身教育思想浪潮。1965 年，联合国教科文组织召开第三次国际成人教育大会，法国成人教育家保罗·朗格朗首次提出终身教育理论，并引起强烈反响。日本政府派遣文部省官员波多野完治教授出席会议。回国后，波多野完治教授将保罗·朗格朗论著翻译成日文，使日本各界及时了解终身教育理念。1966年，日本国立教育研究中心举行研讨会，重点讨论终身教育问题。1967年，日本颁布《社会教育新动向》白皮书，同年日本出版第三次国际成人教育大会"提案书"，广泛传播以"贯穿于人一生的学习"为宗旨的终身教育理念。

在20世纪60年代后半期，日本政府开始关注终身教育。1969年，劳动省依据终身教育理念，全面修订《职业培训法》，旨在确立终身职业培训体系。1971年，日本中央教育审议会（以下简称"中教审"）和社会教育审议会（以下简称"社教审"）分别发表《关于今后学校教育的综合扩充整备的基本政策》《关于适应社会结构急剧变化的社会教育的应有状态》。在这两份报告中，终身教育成为政策立案观点。在报告中，中教审提出进行日本第三次教育改革，主要是加快终身教育发展。社教审提出必须实行终身教育，将家庭教育、学校教育、社会教育有机结合。另外，从终身教育角度，关注人生各时期的教育问题成为振兴社会教育发展的新方向。

日本产业界对终身教育作出积极反应。1972年，经济审议会教育文化专门委员会发表《信息化社会中的终身教育》。

1972 年，日本经济调查协议会提出《新产业社会中的人的培养》。产业界将终身教育作为经济社会规划、劳动力政策之一，按职业生涯的不同阶段制定职业培训计划。

总体来看，在此阶段日本主要吸收终身教育理论，尚未形成自身独特的终身教育理念，尚未进入法律政策实体阶段，终身教育构想滞留于理念层次。同时，社会各界开始关注终身教育思潮，为终身教育从理论走向法制化实践奠定思想基础。

第二阶段（1981～1989）：探索终身教育法治化阶段。

20 世纪 80 年代中期以来，日本政府提出加强终身教育建设，着重发展国民终身教育，建设成"终身学习型社会"。1981 年，中教审全面阐述《关于终身教育的报告》，即终身教育意义、日本终身教育现状、日本终身教育建设构想和人生不同阶段的教育等。1982 年，日本内阁总理大臣中曾根康弘着手教育改革，次年发表《进行教育改革的"七点设想"》，第一点主要建构终身教育体制机制。1984 年，日本成立临时教育审议会（以下简称"临教审"）。临教审以日本建成"富有创造性、充满活力的国家"为目标，提出教育改革的基本思想、主要课题和具体建议。其中最重要议题是将"整个教育制度转变为综合性终身学习制度"，建设"终身学习型社会"。以此议题为着力点，日本开始进行全国范围的调研。1985 年 6 月、1986 年 4 月、

1987 年 4 月和 1987 年 8 月，临教审共提交 4 份咨询报告，在发展终身学习结构方面则有 4 项建议：（1）根据各人因素评估各人成就；（2）加强家庭、学校及社区三方面的功能及合作；（3）提倡终身学习运动；（4）发展终身学习基础建设。这些报告成为日本制定终身教育政策法规的依据。

20 世纪 80 年代中后期，为应对国际化、信息化、老龄化挑战，日本提出"建设终身学习社会"口号，将构建终身学习社会纳入面向 21 世纪的综合战略，试图通过建立终身学习体系，为日本国民提供新知识技能，创造良好社会环境，以期提高全民素质。1987 年 10 月，日本颁布《关于当前教育改革的具体方略——教育改革推行大纲》，成为落实终身教育的制度性措施和规范化依据。

第三阶段（1990 年至今）：终身教育法治体系完善阶段。

1990 年 6 月 29 日，日本颁布《关于整备振兴终身学习措施的推进体制的法律》，又称《终身学习振兴法》。该法共分 12 条。第 1 条明确规定本法律目的：鉴于国民普遍追求终身学习机会的状况，为促进都道府县振兴终身学习事业，对整备该项事业的推进体制和其他必要事项，明确规定特定地区提供终身学习机会的综合性措施。同时，通过采取设置调查审议有关终身学习等重要事项的审议会等措施，以谋求整备振兴终身学习措施的推进体制及地区终身学习机会，进而为振兴终身学习作出贡献。其主要内容包括中央政府应支持都道府县，以充实终身教育体系；中央政府应规定有关地区振兴终身学习构想的基准；文部省考虑设置终身学习审议会；完善都道府县层次终身学习体系；基本构想的变更；基本构想的实施；关于负担费用计入亏损金额的特例；终身学习审议会；都道府县终身学习审议会；市镇村的联系协作体制。与此同时，日本内阁制定实施该法律的政令，文部省制定都道府县振兴终身学习事业体制的基本标准，以期形成完善终身教育的法规体系。1991 年 4 月，中教审发布一份《面对一个新纪元的教育体系改革》咨议报告书，强调学校（主要指大学及短期大学）在终身学习体系中的角色，并且认为学校就是一种终身学习机构。1996 年，文部省发表《终身学习社会的优先与展望——多样性与精致化的增加白皮书》，指出日本迈向 21 世纪时，必须创造一种丰富的、动态的社会环境，这需要终身学习社会做基础。在这样的终身学习社会中，人们能够自由地在任何时间选择学习机会。学习渠道不仅包括学校和社会教育，也包括运动、活动、嗜好、娱乐及志愿活动。

2002 年，日本修订《终身学习振兴法》，命名为《终身学习完善法》（以下简称《完善法》）。《完善法》只修改部分措施、制度方面的细节，实质内容并无改动。《完善法》抽象性条款较多，可操作性较弱，事实上是"软法"。

二 日本终身教育法治化的特征分析

（一）构建终身教育框架，构筑法律保障体系

日本教育法律形成有效衔接与链条。《教育基本法》《学校教育法》《社会教育法》都涉及终身教育内容，将终身教育上升到法律层面，推动终身教育体系的构建。

社会教育是终身教育的有机组成部分，社会教育在终身教育中发挥着重要作用。1949 年，日本颁布《社会教育法》，与时俱进修订 20 多次，其成为日本终身教育发展的基础。图书馆成为落实终身教育的关键性场所。依据《社会教育法》，1950 年 4 月 30 日日本颁布《图书馆法》，规定图书馆设置和运营事项，为发展终身教育作出贡献。1951 年 12 月 1 日，日本颁布《博物馆法》，明确规定将博物馆与终身教育紧密结合，赋予博物馆终身教育功能。1953 年，日本颁布《青年学级振兴法》。1961 年 6 月，日本颁布《体育运动振兴法》。《社会教育法》《图书馆法》《博物馆法》《青年学级振兴法》《体育运动振兴法》的颁布，推动了终身教育发展，为颁布《终身学习振兴法》奠定了基础。

职业教育作为现代成人教育的组成部分，助推日本终身教育发展。1951 年 6 月 11 日，日本颁布《产业教育振兴法》，明确规定日本职业教育的基本理念和原则。1958 年 5 月，日本颁布《职

业培训法》，旨在振兴学校外的社会职业培训，建立完善战后职业培训体制。随着经济发展与产业结构变化，1969 年 10 月日本修订《职业培训法》，明确提出终身培训的基本理念。

（二）关注弱势群体，不让一个人掉队

日本关注弱势群体的教育权利。为满足幼儿、妇女、老年人及残疾人的学习需求，保障弱势群体及时有效地利用学习设施、获得学习机会，日本专门制定相关法律法规，以维护弱势群体教育权利。1946 年，日本建立公民馆。公民馆成为日本社会教育的主要设施。《社会教育法》明确规定设置公民馆目的，为公民馆开展社会教育提供法律依据。

在保障弱势群体教育权利方面，日本公民馆发挥着显著作用。20 世纪 50 年代，日本设立"妇女学级"，并逐步增加"妇女学级"数量，有效地组织妇女学习，满足女性学习需求，保障女性受教育权利。公民馆开设"残疾人青年学级"，为残疾人提供学习机会及场所。与此同时，日本为残疾人创造更多与正常人沟通交流的机会，并关注残疾人心理健康。随着日本老龄化社会程度日渐加深，开发老年人智力资源、满足高龄者继续学习需求成为不可忽视的问题，老年人学习成为日本建设终身学习体系的重要一环。1963 年，日本颁布《老年人福祉法》，明确规定老年人享有受教育权利。

（三）明确责任主体，推进政府职责法定化

构建终身学习体系不是自发、自然形成的过程，需要相关法律法规的辅助，全方位协同各方面因素。同时，完善终身学习法规为终身学习体系提供坚实法律保障。《终身学习振兴法》第 2 条明确规定，国家及地方公共团体实施振兴终身学习措施时，既应注意尊重国民学习意愿，也应配合职业能力的开发与提高，制定有益于终身学习的政策，如社会福利等方面，努力有效地落实各项措施。第 3 条之一明确规定都道府县教育委员会为促进终身学习的振兴，对下列各款所列事业，一面使其相互联系，一面谋求整备必要的推进体制，要力求统一而有效地加以实施。第 3 条之二明确规定都道府县教育委员会在开展前项规定的事业时，应尽力加强与社会教育有关团体及其他地区中从事促进终身学习事业的机关和团体的联络合作。第 4 条之一规定，为促进终身学习的振兴，文部大臣就都道府县教育委员会整备前第一项规定的体制，规定令人满意的基准。第 4 条之二文部大臣在制定前项的基准时，必须事先听取终身学习审议会的意见；对其进行更改时，亦同样如此。尽管存在不足之处，《终身学习振兴法》促进整个社会教育产业的发展，保证国民获得多种学习机会，促进全国及地方终身学习运动兴起。

在学习型社会建设中，财政为终身学习体系构建提供物质和资金保障，成为发展终身教育的根本保障和基础。《产业教育振兴法案》明确规定公立学校和私立学校的财政援助问题，设立"财政援助"，成立中央产业教育审议会，为职业教育设施设备基准和制定职业教育综合计划提供服务。

（四）适应时代发展变革，不断完善终身教育法律法规

日本终身学习立法立足点是构建学习型社会、完善终身学习体系。日本终身学习立法具有与时俱进的特质。日本对《教育基本法》不断地进行修订与完善，最终确立终身教育的统领地位，明确终身教育与社会教育的关系。

1947 年 3 月 31 日，日本颁布《教育基本法》，明确规定国家及地方公共团体须对家庭教育和在劳动场所及其他社会中进行的教育给予奖励。同时，该法明确规定社会教育包括家庭教育、劳动场所教育及其他教育活动。从法律上，将家庭教育与学校教育放在同等地位。在终身教育理念下，终身教育包括学校教育、社会教育和家庭教育，明确规定社会教育和家庭教育的关系。终身教育理念传入后，日本逐步修订《教育基本法》。2006 年 12 月 22 日，日本颁布修订的《教育基本法》，明确规定终身学习社会中家庭、学校及社会各方面的相互作用，设置"终身学习理念"条款。至此，终身教育的统领地位及其与社会教育、家庭教育与学校教育的上下位关系得以明确。

三　日本终身教育法治化模式
对我国的启示

（一）加强终身教育立法，建立健全法律体系

日本终身学习立法具有全方位、多层次、协同性的特点。

《教育基本法》《学校教育法》《社会教育法》《职业训练法》等包含终身教育内容，《终身学习振兴法》则是终身教育的专门法，日本将终身教育作为国策。目前，我国已经颁布《教育法》《高等教育法》《职业教育法》《民办教育促进法》等一系列教育法律法规，但终身教育仍未专门立法。《教育法》《劳动法》《职业教育法》等法律中均涉及终身学习条款，比较分散且未形成系统，未明晰定义终身教育内涵。构建终身教育法律体系，有效协同基础教育、成人教育、职业教育与终身教育紧密相关的法律法规。同时，构建灵活开放的终身教育体系，完善终身教育体制机制，如终身教育基础设施建设、终身教育拨款制度、补助金制度、弱势群体学习权利、老年人继续学习权益、灵活多样的学习制度、终身教育的学分积累与转换制度等。建立健全教育法律法规体系，构建全方位、多层次、协同化的终身学习法律体系，为我国终身教育全面发展提供坚实法律保障。

（二）关注弱势群体，保障国民"学习权"

保障弱势群体获得学习和培训机会，满足弱势群体终身学习需求，是实现教育公平的必要措施，也是终身学习的必然要求。日本政府设置公民馆，公民馆设置"妇女学级"及"残疾人青年学级"，为妇女及残疾人提供学习机会和学习场地。针对日本老龄化现状，日本颁布《老年人福祉法》，明确老年人的教育权益，明确规定老年教育专项教育补贴，对老年教育进行财政支持。日本相关政策法规确保弱势群体教育权利，践行人人学习的终身学习理念。在践行终身教育理念、制定终身学习法律法规时，我国应明晰相关主体法律责任，切实保障弱势群体继续学习权益。全社会要关心支持弱势群体教育，因地制宜发展终身教育，健全特殊终身教育保障机制。搭建终身学习"立交桥"，促进各级各类教育纵向衔接、横向沟通，提供多次选择机会，满足个人多样化的学习和发展需要。

（三）建立健全保障机制，提供物质和经费支持

财政投入是终身教育事业发展的物质基础，是公共财政的重要职能。日本政府通过增加终身学习的资金投入，特设"地方终身学习振兴费补助金"款项及税收优惠政策等措施，推进日本学习型社会建设进程，保障终身教育发展。在构建终身教育体系过程中，我国应完善终身教育法律法规体系，明确经费来源与投入；健全以财政投入为主、多渠道筹集教育经费的体制，进一步明确各级政府提供公共教育服务职责，确保终身教育经费稳定且有序增长，为终身教育奠定坚实的物质基础，为建设终身学习型社会提供必要物质和经费支持。

第10期
韩国《终身教育法》

高　露　编译

内容提要

　　为了推进终身教育，构建终身学习型社会，2000 年韩国国会通过《终身教育法》。2009 年韩国国会修订《终身教育法》，重新界定终身教育内涵与外延；明确政府终身教育职责，完善终身教育推进体制；健全终身教育保障措施，建立学习成果认证体系与"学分银行"制度，增加终身教育投入渠道，搭建终身学习网络和服务平台；统筹开发各种教育资源，建设终身学习型城市，倡导社会合作，加强终身教育师资队伍建设等。《终身教育法》呈现以下特点：（1）明确终身教育发展目标；（2）整合各类教育资源，构建灵活开放的终身教育体系；（3）实施面向全体国民的终身教育，增加弱势群体的教育机会。

　　2009 年 5 月 8 日，韩国国会修订《终身教育法》；2009 年 8 月 9 日起实施。

第一章　总则

第一条　目的

根据宪法和教育法，本法旨在明确国家和地方政府在终身教育事业中的职责。

第二条　定义

本法所用术语定义如下：

1. "终身教育"指正规学校课程之外进行的教育活动，包括课外辅导、职业技能教育、成人教育、人文教育、文化艺术教育、公民教育等。

2. "终身教育机构"指从事终身教育的组织机构，如下：

（1）依法登记、注册的组织机构；

（2）开展终身职业教育的私立教育机构，正规学校课程以外的私立教学机构，根据私立教育法成立的私立教育机构；

（3）为发展终身教育，依据其他法律成立的终身教育机构。

3. "学习力教育"是指为国民提供系统性教育。

第三条　同其他法律的关系

除已有法律条款外，终身教育均以本法为准则。

第四条　终身教育原则

1. 全体国民均享有终身教育权利。

2. 终身教育以个人自觉、自愿学习为基础。

3. 禁止将终身教育作为政治宣传工具。

4. 修满终身教育课程学分者可取得相应学历证书。

第五条 国家和地方政府的职责

1. 国家和地方政府制定终身教育发展规划，以推动终身教育发展，为国民提供终身教育机会。

2. 国家和地方政府鼓励社会组织、公司、个人发展终身教育事业。

第六条 课程等

除本法及其他法律规定外，终身教育举办者可决定课程设置、教学方法、作息时间等，以满足学生发展需要。

第七条 公共设施

1. 根据相关法律条例，终身教育举办者可使用公共设施。

2. 除特殊情况外，公共设施管理者允许终身教育举办者使用公共设施。

第八条 带薪学习

国家、地方政府、公共机构及公司可向雇员提供带薪学习的机会，或支付学习费用，如学费、书本费和研究费等。

第二章 基本计划

第九条 终身教育基本计划

1. 教育科学技术部长官每五年制定一个终身教育发展规

划（以下简称"基本计划"）。

2. 基本计划包括以下事项：

（1）中长期终身教育发展规划纲要；

（2）终身教育基础设施；

（3）增加财政投入比例；

（4）终身教育政策实施评估报告；

（5）其他事项。

3. 教育科学技术部长官将基本计划通知中央行政主管部门、特别市市长、广域市市长、道知事、特别自治道道知事（以下简称"市长"）、教育厅长官及市、郡、区长官。

第十条　终身教育促进委员会

1. 终身教育促进委员会（以下简称"促进委员会"）由教育科学技术部长官领导，促进委员会负责终身教育政策的审议。

2. 促进委员会负责以下事项：

（1）基本计划；

（2）终身教育政策评估和改革；

（3）终身教育事务合作与调解；

（4）总统令规定之其他事项。

3. 促进委员会由二十多名成员组成，包括主席。

4. 促进委员会主席由教育科学技术部长官担任，成员由主席任命，包括教育科学技术部副长官、终身教育专家等。

5. 促进委员会的组织和运作等事项由总统令规定之。

第十一条 终身教育年度工作计划

市长、道知事制定终身教育年度工作计划（以下简称"工作计划"）。市长、道知事制定终身教育年度工作计划时，可咨询教育厅。

第十二条 终身教育委员会

1. 终身教育委员会（以下简称"委员会"）由市长领导，委员会负责实施计划所需事项。

2. 委员会由二十多名成员组成，包括主席和副主席。

3. 委员会主席由市长担任，副主席由教育厅长官担任。

4. 主席任命委员会成员，包括公务员、终身教育专家、终身教育机构经营者等。

5. 委员会的组织和运作等事项由市政条例规定之。

第十三条 同相关行政机构的合作

1. 教育科学技术部长官制定终身教育基本计划，其可要求有关行政机构准备相关资料。

2. 市长制定终身教育年度工作计划，其可要求有关行政机关准备相关资料。

3. 除特殊情况外，有关行政机关积极配合其工作。

第十四条 市、郡、区终身教育委员会

1. 市、郡、区成立市、郡、区终身教育委员会，督促落实终身教育政策，促进相关机构合作。

2. 市、郡、区终身教育委员会由十二名成员组成，其中包括一名主席和一名副主席。

3. 终身教育委员会主席由市、郡、区行政长官担任，委员会成员由公务员、终身教育机构经营者组成。

第十五条　终身学习型城市

1. 国家支持建设终身学习型城市，以促进终身教育发展。

2. 根据第 1 款规定，成立国家终身学习型城市委员会，以促进终身学习型城市之间交流、合作。

3. 国家终身学习型城市委员会的成立、运营等事项由总统令规定之。

4. 根据第 1 款规定，建设终身学习型城市所需事项由教育科学技术部长官决定。

第十六条　经费与资助

1. 根据本法或其他法律法规条例，国家和地方政府资助终身教育项目，资助项目如下：

（1）终身教育机构的建立和运作；

（2）培养和分配终身教育教师；

（3）终身教育发展规划；

（4）鼓励国民参与终身教育的项目。

2. 根据地方条例，地方政府资助当地终身教育事业。

第十七条　指导和协助

1. 根据终身教育机构要求，国家和地方政府指导其终身教育活动。

2. 根据终身教育机构要求，国家和地方政府开展终身教育培训，以提升从业人员能力。

第十八条　调查

1. 教育科学技术部长官、市长应审查终身教育数据资料，并向公众公布完整的数据资料。

2. 根据第 1 款规定，终身教育负责人和终身教育机构经营者配合调查。

第三章　国家终身教育振兴院

第十九条　国家终身教育振兴院

1. 成立终身教育振兴院，以促进终身教育事业发展。

2. 终身教育振兴院是法人社团。

3. 终身教育振兴院在其所在地登记注册。

4. 研究所履行以下职责：

（1）协助发展终身教育事业；

（2）协助终身教育促进委员会制定基本计划；

（3）协助制定终身教育发展规划；

（4）根据第 20 条规定，培训终身教育从业者，包括终身教育教师；

（5）建立终身教育机构交流与合作机制；

（6）根据第20条规定，协助城市终身教育研究所；

（7）建立终身教育数据库；

（8）依据学分认证条例、学位法，制定学分制度；

（9）根据第23条规定，建立综合管理体系和学习账户；

（10）其他项目。

5. 研究所章程：

（1）目的；

（2）名称；

（3）办公地点；

（4）项目；

（5）主要负责人；

（6）董事会；

（7）资产和账目；

（8）章程变更。

6. 研究所变更章程，须向教育科学技术部长官报告。

7. 在财政预算范围内，国家为研究所提供财政资助。

8. 除本法外，研究所遵守民事诉讼法中有关基金会之条例。

第二十条　城市终身教育研究所

1. 根据总统令，市长有权成立城市终身教育研究所。

2. 城市终身教育研究所履行以下职责：

（1）为有关区域提供终身教育资料；

（2）提供终身教育咨询服务；

（3）开展终身教育计划；

（4）建立终身教育机构间的交流机制；

（5）终身教育事项由市长决定。

第二十一条　终身教育中心

1. 广域市、道行政长官有权成立终身教育中心，以落实终身教育政策，推动终身教育事业发展。

2. 市、郡、区行政长官实施有益于地方终身教育发展的项目，例如建设终身教育中心、增加财政投入比例等。

3. 终身教育中心的建立、运营等事项由市政条例规定之。

第二十二条　终身教育信息化

1. 国家和地方政府努力实现终身教育信息化，联合各级各类学校、民间组织、公司制定终身教育课程。

2. 根据总统令，国家和地方政府利用各种资源，制定终身教育信息化体制机制。

第二十三条　学习账户

1. 教育科学技术部长官鼓励开创学习账户（学习账户：综合管理个人学习情况），以鼓励国民参与终身教育，建设人力资源强国。

2. 根据总统令，教育科学技术部长官可认证课程评估。

3. 符合以下任意一项，教育科学技术部长官可撤销其评估认证：

（1）通过欺诈或其他非法手段获得评估认证；

（2）开设课程违反评估认证内容；并

（3）根据第2款规定，终身教育机构不符合评估标准。

4. 根据第3款和第3款第2项规定，教育科学技术部长官撤销评估认证，根据总统令规定之期限和程序，教育科学技术部长官提前向终身教育机构负责人下达修改指令。

第四章　终身教育师资

第二十四条　终身教育师资

1. 符合以下任意一项者，可获得终身教育教师资格证：

（1）《高等教育法》第2条规定之学校（以下简称"大学"或"学院"），修满终身教育课程学分者，或在同大学具有相等学术资质的院校取得学历证书、学位证书；

（2）根据学分认证条例第3条第1款规定，修满终身教育课程学分者可获得学历证书、学位证书；

（3）大学毕业生，具有同大学或大专相同学历的人，根据教育科学技术部条例修满终身教育课程学分者，法定终身教育机构毕业生，且该机构毕业生具有同大学毕业生同等学术资质，本法第25条规定之终身教育教师；并

（4）符合总统令规定之人。

2. 终身教育教师履行终身教育教学、规划、进程、分析、

评估等职责。

3. 符合第28条第2款者可成为终身教育教师。

4. 终身教育教师证书级别、职责、课程、培训和录取程序等事项，由总统令规定之。

5. 根据教育科学技术部条例，教育科学技术部可向获得终身教育教师证书的人收取费用。

第二十五条　终身教育教师培训

1. 教育科学技术部长官可指定终身教育机构，作为培养、培训终身教育教师的机构。培养、培训终生教育教师所需的设施、课程、师资等由总统令规定之。

2. 教育科学技术部长官可委托终身教育机构处理终身教育教师的培养、培训事宜。

第二十六条　终身教育教师的聘用

1. 根据第24条第2款规定，终身教育机构应在各自机构中聘用终身教育教师。

2. 根据早期儿童教育法、中小学教育法、高等教育法，幼儿园园长、学校校长聘请终身教育教师，以开展终身教育活动。

3. 根据本法第20条、第21条，教育科学技术部派遣终身教育教师到市、道的终身教育机构，以及市、郡、区的教育中心。

4. 终身教育教师培训机构标准、终身教育教师分配标准等由总统令规定之。

第二十七条　聘用终身教育教师的费用

根据第 26 条第 2 款规定，国家和地方政府补贴终身教育项目、聘用终身教育教师的费用。

第五章　终身教育机构

第二十八条　终身教育机构举办者

1. 终身教育机构举办者实施各种终身教育方案，为终身教育事业作出贡献。

2. 符合以下任意一项，不可成为终身教育机构举办者：

（1）一位无能的人；

（2）处于监禁的人，执行此刑罚已三年的人（包括终止该刑罚的人），或执行该刑罚且豁免的人；

（3）正处于缓刑期的人；

（4）被剥夺权利的人；

（5）注销其登记且未到三年的人，或根据第 42 条，关闭其终身教育课程者；并

（6）符合第 1 款至第 5 款的人。

3. 根据第 2 条第 2 款第 1 项规定之终身教育机构举办者，其须采取安全措施保障终身教育运营，例如购买保险单，并严格遵循市政条例中规定之标准。

4. 如果学习者不能继续学习，或由于终身教育机构关闭

而无法继续学习，终身教育机构举办者采取必要措施，以保护学习者，如根据总统令规定，返还学习者学费。

5. 根据第 31 条第 2 款设立的终身教育实体，其依据私立学校法成为终身教育机构举办者，或依据公共服务公司法成为终身教育机构举办者。

第二十九条　学校终身教育

1. 根据中小学教育法、高等教育法规定，在开展终身教育时，各级各类学校根据学习者需要制定课程和教学方法，其贯彻终身教育理念，并努力发展以学校为中心的区域文化。

2. 根据学生、家长和当地居民需要，各级各类学校可直接开展终身教育，或委托当地私有教育实体开展终身教育，私有教育实体不应考虑利润。

3. 根据第 2 款开设的学校终身教育，其有权使用各级各类学校教室、图书馆、体育馆和其他设施、设备。

4. 学校向公众开放，开放期间内的管理、运作事项由市政条例规定之。

第三十条　终身教育学校

1. 为发展终身教育，各级各类学校可建立和经营终身教育机构，并向教育主管部门报告。

2. 大学或学院可开设各种终身教育课程，包括为大学生或非大学生提供职业教育课程。

3. 各级各类学校配备相应设施、设备，以便于开展不同类型的终身教育。

第三十一条　学校式终身教育

1. 学校式终身教育经营者须向教育主管部门申请办学资格，并拥有总统令规定之设施、设备。

2. 教育主管部门可指定学校式终身教育机构，其毕业生获得高中学历或初中学历。

3. 根据中小学教育法第 19 条第 1 款规定，教师有权开展学校式终身教育，其毕业生获得公认学历。根据实际情况需要，公立学校教师服务于家庭教育和继续教育。

4. 根据中小学教育法第 54 条第 4 款规定之高级技工学校，其可转为终身教育机构，并获得教育科学技术部批准。高级技工学校毕业生具有大专以上学历，高级技工学校可使用学院名称。

5. 根据第 2 款开设的学校式终身教育机构，其教师录取资格、程序、录取标准等由总统令规定之。根据第 4 款开设的学校式终身教育机构，机构管理方法由总统令规定之。

6. 根据市政条例，在预算范围内，地方政府向学校式终身教育机构发放补贴或提供其他援助。

7. 根据第 2 款开设学校式终身教育机构的人，当他准备关闭机构时，他应向教育主管部门提交注销报告。根据总统令规定，他应做好充足的相关准备，如学生安置方案等。

第三十二条　学院式终身教育

1. 拥有固定经营场所者可设立学院式终身教育机构，并获得教育科学技术部长官授权，其毕业生可获得大专、大学学历和学位。学院式终身教育机构经营场所规模由总统令规定之。

2. 根据第 1 款开设的学院式终身教育机构，其应为雇员提供培训（指经营场所雇员、在经营场所从事其他业务的雇员），雇员培训所需费用由雇主承担。

3. 根据第 1 款开设的学院式终身教育机构，其设置标准、学分制度、机构运作等事项由总统令规定之。

4. 根据第 1 款开设学院式终身教育机构的人，当他准备关闭机构时，他应向教育科学技术部长官提交注销报告。

第三十三条　远程终身教育

1. 任何人都可开展远程终身教育，例如向特定人群或非特定人群提供远程教育，并通过电子媒体向他们提供终身教育知识、信息。

2. 远程终身教育举办者想收取学费，根据总统令规定，他应向教育主管部门提交申请。如果他打算停止远程终身教育，他应向教育主管部门提交注销报告。

3. 远程终身教育举办者具有大专或大学学历及学位。根据总统法令规定，他须获得教育主管部门授权。如果他打算关闭机构，他应向教育主管部门提交注销报告。

4. 教育主管部门对远程终身教育进行评估，并向公众公布评估结果。

5. 远程终身教育的创办标准、学分制度等事项由总统令规定之。

6. 凡符合第28条第2款之人，不可成为远程终身教育创始人。

第三十四条　根据实际情况作适当变动申请

根据《私立学校法》第28条、第29条、第31条和第70条，远程终身教育创始人可根据实际情况作适当变动，须向教育主管部门报告。

第三十五条　终身教育机构经营场所

1. 拥有固定经营场所者可设立和经营终身教育机构，经营场所规模由总统令规定之。

2. 根据第1款开设终身教育机构的人，根据总统令，他应向教育主管部门申请办学资格。如果他打算关闭终生教育机构，他应向教育主管部门提交注销报告。

第三十六条　民间终身教育组织

1. 民间终身教育组织可开设终身教育课程，终身教育课程与民间终身教育组织目标相符合。民间终身教育组织建立相互合作机制。民间终身教育组织有权利用闲置设施，包括公共设施和民用设施等。

2. 根据总统令规定，民间终身教育组织可建立和经营终身教育机构，以满足国民教育需求。

3. 根据总统令规定，民间终身教育机构须向教育主管部门申请办学资格。如果他打算关闭民间终身教育机构，他应向教育主管部门提交注销报告。

第三十七条　终身教育的辅助工具：媒体

1. 媒体经营者可出版终身教育作品或播出终身教育节目，以满足国民教育需要。

2. 根据总统令规定，媒体经营者可经营终身教育业务，以满足国民教育需要，增强国民文化修养，提高国民能力。

3. 根据第 2 款开展终身教育业务的媒体，根据总统令规定，他须向教育主管部门申请从业资格。如果他打算停止终身教育业务，他应向教育主管部门提交注销报告。

第三十八条　人力资源储备

1. 国家和地方政府提供终身教育的知识、信息、培训，以促进人力资源储备，推动人力资源服务业发展。

2. 根据总统令规定，从事人力资源服务业的人可建立终身教育机构。

3. 根据总统令规定，凡从事人力资源服务业的人须向教育主管部门申请办学资格。如果他打算关闭终身教育机构，他应向教育主管部门提交注销报告。

第六章　学习力教育

第三十九条　开展学习力教育

1. 国家和地方政府努力提高自身服务能力，包括了解成年人社会生活需求。

2. 根据总统令规定，教育主管部门在其管辖范围内制定学习力教育计划，或指定地方政府、终身教育机构负责学习力教育计划。

3. 根据第 2 款规定，国家和地方政府为学习力教育计划提供经济援助，援助细节由总统令规定之。

第四十条　学习力课程

根据第 39 条规定，完成学习力课程者可获得相应学历认证。课程设置、学历认证、学术生涯认证等事项由总统令规定之。

第七章　终身学习管理和认证

第四十一条　学分认证、学术生涯

1. 根据本法、学分认证条例、其他法律条例，完成终身教育课程者，或完成除终身教育课程之外的相关课程者，获得学分认证、学术生涯认证。

2. 根据本法律条例，符合以下任意一项者，国家承认其学分和学历：

（1）在各级各类学校或终身教育机构完成必修课程者；

（2）在产业实体接受一定教育，并在本单位获得资格认证者；

（3）通过国家、地方政府以及私有教育实体的能力考试，并获得资格认证者；

（4）根据文物保护法条例，受过专业训练者；

（5）通过总统令规定之考试者。

第八章　补充规定

第四十二条　行政处分

如果终身教育机构举办者符合下列任意一项，教育科学技术部长官可撤销其登记注册，或命令暂停终身教育课程，为期不超过一年，如属第 1 款至第 4 款情况，可撤销终身教育机构登记：

（1）以虚假或不正当手段获得登记注册；

（2）未达到办学标准；

（3）以非法手段经营终身教育机构；

（4）符合第 28 条第 2 款规定。

第四十三条　听证会

根据第 42 条规定，教育科学技术部或教育厅撤销终身教育机构资格时应举行听证会。

第四十四条　权力下放

教育科学技术部长官、教育厅将部分权力下放于高校。

第四十五条　名称禁限用规则

禁止任何人使用相类似名称，如促进委员会、研究所、终身教育委员会、终身学习中心等。

第四十六条　罚款

1. 有下列情形之一，将处以 500 万韩币以下罚款：

（1）违反第 18 条第 2 款，不递交资料或递交虚假资料者；

（2）未遵守第 32 条第 4 款、第 33 条第 2 款及第 3 款、第 35 条第 2 款、第 36 条第 3 款、第 37 条第 3 款、第 38 条第 3 款而提交报告者；

（3）违反第 45 条使用相类似名称者。

2. 违反第 1 款，根据总统令规定，由当地教育局决定罚款金额。

3. 根据第 2 款规定处罚后，经营者对处罚决定不服，可自收到处罚决定之日起三十日内向主管部门申请复议。

4. 依据第 3 款规定，受处罚者提出质疑后，主管部门应立即通报当地法院，法院根据非法事件程序法作出裁决。

5. 根据第 3 款规定，受处罚者未提出复议，又拒不缴纳罚款，应按照地方税滞纳处罚办法予以征收。

附　录

本法自公布之日起三个月后开始实施。

第11期

协同施治

——发达国家预防与惩治儿童性侵害的法律体系

高 露 编译

内容提要

儿童性侵害问题是社会热点问题，受到全社会的重视，应从国家立法层面予以关注，加快相关立法，建构儿童性侵害预防、惩治、救济的法治化网络，为儿童身心健康成长保驾护航。科学借鉴发达国家儿童性侵害法治经验具有现实意义。在防范儿童性侵害立法实践方面，发达国家全方位协同，有效协同学校教育与家庭教育，加强儿童性侵害预防教育；协同刑法与专门法，详列儿童性侵害犯罪行为；协同相关部门，共同治理儿童性侵害问题，为儿童健康成长营造安全环境。

针对儿童性侵害行为，发达国家建立预防、惩治、救济三维并举的法治体系。预防维度，更新立法理念，提升立法层次，弥补监护缺失，健全法律体系，编织预防儿童性侵犯的社会网格。惩治维度，儿童性侵害案件即时通报系统，完善证据收集机制和量刑制度，健全儿童性侵害案件司法程序，严格限制性侵儿童的前科犯活动自由，实时掌握其动向，佩戴"电子脚镣"，实施"化学阉割"。救济维度，建立受害儿童及其家庭支持制度，设立儿童保护机构，专司儿童保护、教育、福利等职责，特别是性侵犯受害儿童及其家庭的全面救助，健全心理干预与治疗机制。

一　加强儿童性侵害预防教育，编织预防
儿童性侵犯的教育网格

发达国家弥补监护缺失，加大教育针对性，有效预防儿童性侵害。美国、欧盟、英国开设性教育课程，制定预防性侵害教育项目，教会儿童识别危险情境，规避性侵害，将项目融入学校安全和健康教育课程，同时引导家长参与儿童性教育。

欧盟"内衣规则"教育项目。2010 年，欧洲理事会发起"内衣规则"教育项目，要求欧盟成员国开展儿童预防性侵犯教育活动，告知"孩子不让他人触摸内衣覆盖部位，不应触摸他人内衣覆盖部位"。根据国情与文化传统，欧盟成员国法国、德国以不同方式加强儿童性侵害预防教育。法国政府要求

父母和学校及早开展儿童性教育，树立正确性保护意识，并向儿童形象化地解释性侵犯定义，加强儿童性教育、自我安全防范意识教育，从小学一年级开始，学生每年上三次性教育课，教育其更好地认识自己，教会孩子遭遇性侵犯的应对方式。媒体节目设立分级标识制度，由法国媒体高级委员会（CSA）制定，避免儿童接触与其年龄不相符的信息。为了教会孩子保护自己，从3周岁起，德国儿童接受防范性侵犯教育。幼儿园以讲故事、做游戏等方式，告诉孩子各个身体部位名称。老师反复提醒孩子们，若有人碰自己短袖、短裤遮盖住部位，坚定地说"不"；若有人继续抚摸这些部位，一定要大声对对方说："我不愿意！"幼儿园老师请来儿科医生，告诉孩子体检注意事项。比如，要求孩子脱掉上衣、裤子等检查，儿科医生告诉孩子："记住，这种检查只能医生做，必须妈妈在场才能做。"老师适时提醒，若有人突然要求孩子脱掉衣服"检查身体"，一定要大声拒绝，吸引他人注意。学校配有儿童性教育画册，画册设有练习题，设置不同场景，要求家长同孩子一起阅读，共同讨论遇到类似问题如何处理。

英国学校开设性教育课程。2000年，英国国会通过《学习和技能法》，第148条规定公立学校开设性教育课程，出台性教育课程指南。公立学校遵照课程指南开设性教育课程。2017年3月，英国国会通过《儿童和社会工作法》，规定英格兰中小学校开展性教育，政府有权制定性课程内容。按照年龄层次，英国性教育分为 4 个学段，不同学段教授不同的内容。小学分为两个学段，第一个学段为 5～7 岁，性教育内容：了解身体特征、学习互相尊重、掌握两性交往技巧等。第二个学段为 7～11 岁，性教育内容：青春期生理、情感、态度变化。小学性教育目的是儿童准确说出身体部位名称，学会保护自己和寻求帮助。中学分为两个学段，第一个学段为 11～14 岁，性教育内容：了解两性身体部位差异。第二个学段为 14～16 岁，性教育内容：性交常识、预防艾滋病。澳大利亚政府要求教育工作者接受培训，以发现正受性侵犯和曾受性侵害儿童，有效识别儿童性侵犯特征。投入资金改善硬件设施，公共教学场所安装摄像头，增加儿童性安全教育手段和设备。同时，父母需要掌握性侵犯知识，与子女建立相互信任关系，鼓励孩子说出自身经历和感受，以尽早发现受害儿童。

二　法律详列儿童性侵害犯罪行为，编织惩治儿童性侵犯罪严密法网

为依法严厉惩治性侵害儿童犯罪，全面保护儿童身心健康，发达国家注重协同刑法与专门法，有效预防和减少儿童性侵害案件。

《美国法典》第 18 章第 2243 条规定，"儿童性侵害"是指与未满 16 岁儿童发生性行为，或企图发生性行为。"性行

为"是指生殖器官接触；口交；带有虐待、羞辱、骚扰、贬低等意图，触摸儿童身体。第18章第2243条第1款规定，性罪犯处15年以下监禁，并处以罚款。第18章第2243条第2款规定，为激起性欲，故意触摸未满16周岁的人（不包括隔着衣服触摸），判为儿童性侵。第18章第2243条第3款规定，性罪犯可以相信对方年满16岁，作为抗辩理由。《日本刑法》第176条规定，对已满13周岁的男女，以暴力或胁迫手段实施猥亵行为，成立强制猥亵罪，处6个月以上10年以下有期徒刑；对未满13周岁的男女，不论使用何种手段，即使存在同意实施猥亵行为，也成立强制猥亵罪，处6个月以上10年以下有期徒刑。第177条规定，以暴力手段淫奸13岁以上女子，成立强奸罪，处3年以上有期徒刑；淫奸未满13岁女子，成立强奸罪，处3年以上有期徒刑。2004年6月，日本国会修订《买春儿童处罚法》。第1条规定防止性榨取、性虐待儿童，以保护儿童权利。第2条第1款规定"儿童"是指未满18周岁的人。第2条第2款规定，"买春儿童"是指向儿童本人、儿童性交摘客、儿童监护人提供报酬，与儿童发生性交行为。"性交行为"指性交、触摸儿童性器官，让儿童触摸自己性器官等行为。第5条规定，儿童性交斡旋者处5年以下有期徒刑，并处500万日元以下罚金；以此为业者，处7年以下有期徒刑，并处1000万日元以下罚金。第7条规定，提供儿童色情物品，处3年以下有期徒刑，并处300万日元以下罚金。

第 8 条规定，以买春儿童、制造儿童色情刊物为目的买卖儿童者处 1 年以上 10 年以下有期徒刑。第 12 条规定，国家、地方政府加强公职人员教育，加强其对儿童人权理解。第 13 条规定，禁止媒体报道受害儿童信息。第 14 条规定，国家、地方政府加强国民教育，加强国民对儿童权利理解。第 15 条规定，为受害儿童提供心理治疗，同儿童监护人交流，并提供相关指导。第 16 条规定，健全受性侵害儿童保护体制。第 17 条规定，开展儿童性侵害治理的国际合作。2003 年，日本国会通过《利用网络引诱儿童性交法》，旨在处罚"援助交际"中介行为。第 6 条规定，禁止利用网络介绍异性从事以下行为：引诱儿童成为性交对象；引诱成年人与儿童性交；提供报酬，引诱儿童成为异性交际对象；接受报酬，引诱他人与儿童交际。违反规定者，根据本法第 33 条，将处以 100 万日元以下罚金。2004 年，日本国会修订《儿童福祉法》。本法案第 34 条第 6 款规定，禁止儿童从事卖淫活动，否则将处 10 年以下有期徒刑，并处 50 万元以下罚金。2012 年 8 月 2 日，韩国《未成年人性保护法》正式生效。法案明确规定，废除对儿童性犯罪诉讼时效，累犯判处 10 年以上重刑。施暴、威胁强奸未满 13 周岁女孩或残疾女性，其犯罪公诉时效将废除；在 10 年内，性罪犯刑满释放、缓期执行者不可担任医疗人员、学习指导老师、公寓管理员等；校长、教师利用其职位之便，猥亵儿童，将不考虑受害者意愿，一律进行严厉处罚；在地铁、火车站等公众密集场所猥亵儿童、青少年者，利用媒体进行淫乱行为者，利用摄像机偷拍者，将公开其个人信息，处以严厉惩治；鉴于儿童色情淫秽物引发儿童性暴力犯罪，全面禁止制作、传播、持有儿童色情淫秽物，包括儿童出演、成人扮演儿童淫秽视频或照片，一旦发现持有上述物品，一律接受法律制裁，制作、传播儿童色情电影，判处 5~7 年有期徒刑，持有和保存儿童色情电影处以 2000 万韩元以下罚款，利用儿童制作淫秽物品，或将其公开发布，处 10 年以上有期徒刑。2003 年，英国国会修订《性侵犯法》（*Sexual Offence Act*），旨在保护儿童免受性侵犯。《性侵犯法》明确规定儿童性侵害定义、惩治方法。该法规定凡与 13 岁以下儿童发生关系者，将会以强奸罪论处；与 16 岁以下儿童进行身体接触、语言猥亵、给其观看不雅图片等，以强奸罪逮捕；在学校、学院和宿舍等场所，禁止成年人和儿童性接触。通过网络途径与儿童交朋友，与儿童见面意图侵犯儿童，或意图见面等行为构成犯罪，最高可判处 10 年监禁。刑满释放人员每年向当地警察报告基本信息，若其 3 年内更换姓名、地址，必须提前 14 天向警察报告，外出 7 天以上，主动到警察局汇报行踪，否则将面临最高 5 年有期徒刑。"猥亵儿童图像"是指利用儿童拍摄图像，制作、下载、印刷猥亵儿童的图像，流传或传阅猥亵儿童图像。根据英国刑法规定，单纯藏匿猥亵照片者最高可判 5 年有期徒刑，制作猥亵照片者最高可判 10 年监禁。《意大利刑法》第 609 条第 6 款

规定，禁止性罪犯以不知受害人年龄为由，开脱其罪责。第
609 条第 2 款规定，"性暴力罪"是指与不满 14 岁儿童发生性
行为，刑罚重于与 14 岁以上人发生性行为；同未满 10 岁儿童
发生性行为，刑罚更重。第 609 条第 4 款规定，成年人与未成
年人发生性行为，判为犯罪。

三　实时掌控动向，力图避免
儿童性侵害再次发生

为了避免性罪犯再次侵害儿童，美国、英国、韩国建立性
罪犯信息登记与公开制度，为性罪犯佩戴"电子脚镣"，甚至
实施"化学阉割"，实时掌握性罪犯动向，有效预防儿童性侵
害发生。

针对恋童癖罪犯再犯罪率较高的特点，1996 年 5 月 17
日，美国国会通过《梅根法案》。该法案规定，为避免性罪犯
出狱后继续危害社会，警方可录取性罪犯的指纹、气味、DNA
等资料，并永远存档保留。性罪犯出狱后，警方将其照片、住
址、外貌特征等资料放到网上，以供读取，提醒公民留意防
范。2004 年，美国国会修订《梅根法案》。法案规定性罪犯假
释期间须佩戴手环警告标志、电子脚镣。若一个人曾经犯案两
次以上，每 3 个月前往警局接受问询；体貌特征有所改变，须
及时向警方报告。禁止性罪犯接近儿童聚集场所。2006 年

《亚当·沃尔什儿童保护及安全法》规定，创建全国性罪犯登记系统，命令各州采用相同标准，发布性罪犯数据。本法案规定每个性罪犯必须提供以下资料做登记：姓名、社会保障编号、地址、雇主信息、学校信息、使用车辆信息、司法部所要求的其他资料。登记处须登记罪犯外貌特征、伤疤、刺青、肤色、体重、刑事罪行、刑事记录、被捕日期、定罪日期、惩教、犯罪细节、开释情况、最新照片、指纹、掌纹、DNA 样本、有效驾照、每日必经路线、社保编号、电子邮件、其他网络账号。根据犯罪种类，将性罪犯分为三个级别，以确定资料登记时间、更新频率。性虐待、绑架、性侵儿童划为第三级罪犯，必须要终生登记，每 3 个月本人必须到执法机关更新资料。第二级犯罪包括强迫、引诱儿童从事性交易及散布儿童色情产品等，有 25 年登记期，每半年要更新一次资料。第一级罪犯有 15 年登记期，每年更新一次数据。第一级罪犯 10 年内保持"干净记录"，可免除剩余 5 年登记义务。违反登记规定者，处以 1 年以上有期徒刑。所犯之罪为联邦性侵害罪，并未按规定登记者，或为州法规定之性侵害罪，有跨州行为，并未按要求进行登记者，处 10 年以下有期徒刑，并处以 25 万美元以下罚金。建立性犯罪管理协助项目，以实施先前法律政策。规定成立追踪办公室（Smart Office），负责性犯罪公告，制定司法协助项目，协助地方执法机关工作。2010 年 7 月，韩国政府网站开辟"性犯罪公布栏"，由韩国女性家庭部负责，专门公布性罪犯照片、身份。韩国居民可查询社区内是否居住着性罪犯，获得其脸部照片、姓名、年龄、体重、性犯罪内容等信息。韩国利用智能手机应用系统公开性罪犯个人信息。2002 年，英国建立"揭露与禁入服务"（Disclosure and Barring Service）档案系统，检索从事教育事业者信息。教育机构录用教师、儿科医生时，可检索档案系统，确保应聘者无犯罪记录。2003 年，英国建立性罪犯档案系统，性罪犯要离开某个地区，必须告知当地政府部门。由于担心性罪犯遭受攻击，公职人员有权查阅档案，公民无权查阅档案。2007 年 6 月，英国政府出台《儿童性侵犯披露计划》，允许警察局、各级地方政府、儿童保护组织、教育机构等共享性罪犯个人信息，防患于未然。2012 年 10 月 1 日，日本大阪府出台《保护儿童免遭性犯罪条例》。该条例规定强制报告登记制度，性侵累犯居住于大阪府，在服刑结束后 5 年内，有义务向政府申报本人姓名、住址、年龄、联络方式、罪名、刑期等 6 项内容，不报者将处以最高 5 万日元罚金。实践证明，实时掌握性罪犯动向，能有效预防儿童性侵害案件发生。

韩国、波兰等国实施"化学阉割"，以期杜绝儿童性侵害发生。2012 年 9 月，韩国国会修订《性暴力犯罪者性冲动药物治疗》。本法目的：性暴力犯存在生理、心理和社会问题，性侵未满 13 周岁儿童者，实施周期性药物治疗，以防止性罪犯再次犯罪，维护社会安定。该法案规定性侵儿童者，一律进行化学阉割。法案第 4 条第 1 款规定，性罪犯年满 19 岁且患有"性紊乱症"，可对其进行性冲动药物治疗。药物治疗程序分为刑前治疗程序和刑后治疗程序。第 8 条第 1 款规定，刑前治疗程序是指治疗刑期尚未确定的性罪犯。在二审结束前，由检察院向法院提出治疗申请，法院以判决形式对性罪犯宣告 15 年以下治疗。刑后治疗程序是指治疗羁押性罪犯。法案规定刑后治疗需符合以下条件：性侵未满 16 岁儿童、判处有期徒刑以上的刑罚、法院未宣告采取药物治疗程序、患有性紊乱症、同意接受药物治疗。只有同时满足这些条件，检察院可向法院提出治疗请求。此外，教导所、收容所长官须向假释性罪犯说明药物治疗内容、方法、程序、疗效、费用承担等问题，并确认其是否同意接受该治疗，最后通知检察院，检察院向法院提出申请。在审查请求合理时，法院以决定形式宣告对性罪犯采用药物治疗。法案规定，根据《医疗法》，医生进行诊断、处方开药，精神健康专家实施认知疗法，由当地观察官执行命令。在执行前，观察官向罪犯解释药物治疗效果、周期等。在执行刑期满或假释前两个月内，执行药物治疗。在治疗期间，禁止性罪犯服用药品以抵消药效。除了以上内容，法案规定药物治疗与监护并行，药物治疗最长不超过 6 个月，同时实施心理治疗。性罪犯违反法案规定事项，处 7 年以下有期徒刑或 2000 万韩元以下罚金。2010 年 6 月，波兰国会通过《化学阉割法》，规定性侵15岁以下儿童的成年男性罪犯，刑满出狱前必须接受"化学阉割"。

四 设立儿童保护机构，法律救助 与心理救助并重

为进一步加强儿童保护工作，美国、法国、英国整合有关部门职能，成立专门机构，统一管理、协调、落实儿童保护工作，注重协同其他相关部门，共同保障儿童合法权益，避免儿童权益受侵害后难发现、难受理、难获罪的尴尬。

为孩子搭建心灵庇护所，美国设立专门儿童性权利保护机构，同其他部门协同工作。儿童性权利保护机构具体分为两类：第一类是儿童友好型场所——儿童保护中心，亦称少年司法中心，为儿童提供一系列服务。在儿童性侵害案件的侦查、起诉方面，法律执行者、儿童保护工作者、检察官、受害儿童监护人、医疗专业人员、精神卫生治疗师相互合作。第二类是协调处理机构——跨专业儿童性侵害小组，由卫生机构、社会服务机构、法律执行机构、法律服务机构代表组成，帮助处理儿童性侵害案件。与儿童保护中心不同，其侧重于管理和处理案件，协调不同专业机构、专家参与诉讼。为避免儿童遭受性侵犯，法国专设儿童权利保护专员，以各省为单位，负责保障孩子安全，及时为受害儿童伸张正义，接听免费求助电话，联

系儿童心理专家，对不幸孩子进行心理疏导。每个中小学专设社会事务助理，与专员共同保护孩子安全，定期巡防各所中小学校，深入接触儿童，减少其心理隔阂，进而发现犯罪线索。同时，社会事务助理同警察局合作，定期开展防侵害讲座，提醒孩子们学会保护自己。英国设立地方保护儿童委员会（Local Safeguarding Children's Boards），由当地政府、医疗、教育、警察、民间组织等跨机构代表组成，负责协调保护儿童工作，可独立调查重大事件，以有效保护儿童。委员会可获得成员机构资金支持，并决定资金分配。

美国、澳大利亚运用心理干预方式治疗性罪犯、性侵受害儿童，以提高性罪犯自我行为管理能力，从而减少儿童性侵害案件。美国施行"多系统疗法"心理干预方式，以家庭为中心，以社区为基础，帮助儿童疏导心理问题，提高咨询者父母的养育教育技能，将受害儿童害怕、焦虑、压抑等降到最低，改善儿童心理状况。"多系统疗法"辅导者走进儿童家庭、学校、社区，聚焦儿童生存环境，辅导者随叫随到。辅导计划要求家庭成员参与辅导过程，提高父母教养技能，促进家庭关系和谐。在交友、课业、课外活动方面，全面协助受害儿童，减少次生性犯罪发生。在缺乏心理治疗和干预的情况下，受害儿童再次受害概率高于其他儿童。同时，部分受害儿童成年后因受性侵害所造成的心理阴影，容易演变为恋童癖、性罪犯。因此，澳大利亚政府主张对受害儿童进行系统心理干预和治疗，由家庭与儿童服务协会（FAYS）负责。针对性侵儿童的罪犯，澳大利亚推行监禁密集心理治疗项目（CUBIT）。监狱设置一个特殊监区，服刑人员接受密集的群体性训练，矫正其行为和思维模式。专业心理矫正师和受过特殊训练监狱矫正官负责治疗，通过心理行为疗法，唤起性侵犯对受害儿童的同情心，从而减少再次犯罪危险。

第12期
全方位防范
——发达国家防止儿童虐待的立法取向

高 露 编译

内容提要

　　幼儿园虐童事件频发，应从国家立法层面予以关注，加快相关立法，建构立体化儿童虐待防范的法治体系，保护儿童免遭虐待。科学借鉴发达国家治理儿童虐待的立法与执法经验，具有现实意义。在法治化防范儿童虐待方面，发达国家禁止儿童虐待法律覆盖面广，针对性强，从根本上预防虐童；健全幼儿教师资格准入制度，严把入口关，建设一支师德高尚、热爱儿童的幼儿教师队伍，坚决防止教师虐童，切实保障幼儿安全；多方合力，共同参与虐童的预防与干预，形成良性互动，为儿童健康成长营造安全环境。

　　纵观发达国家儿童虐待法律，凸显全方位儿童虐待防范的特质。从多元视角出发，整合社会资源，多领域共同协作，建立预防虐童干预平台，用司法刚性塑造善良韧性，共同守护儿童身心安全。

一　提高幼儿教师准入门槛，
提升幼儿教师素养

发达国家健全幼儿教师资格准入制度，提升幼师素养，注重师德师风建设，坚决防止幼儿教师虐童，切实保障幼儿安全健康；同时加大幼儿教师督察力度，对发现的问题立行立改，采取实而又实、严而又严的举措，防止虐童悲剧再次发生。

在幼儿教师准入标准上，美国实行教师专业标准与教师资格标准相分离模式。2009 年，全美幼教协会（National Association of Education for Young Children，NAEYC）修订《幼儿园教师专业标准》。《幼儿园教师专业标准》成为幼儿教师准入重要依据，其由六个核心标准组成：促进幼儿发展与学习；同儿童家庭和社区紧密合作；观察、记录和评价幼儿；有效与幼儿及其家庭沟通；运用课程知识，建构幼儿园课程；成为专业人士。申请幼儿教师资格证者参加专业培训，修完教育部规定课程，获得学士学位，参加 Praxis 考试，通过者可获得幼儿教师资格证书。幼儿教师须达到教师资格标准、专业标准，方可就职于早期教育机构。与美国不同，英国、法国、日本采取教师专业标准与资格标准挂钩的模式。2012年5月,英国教学署颁布《早期教育专业教师身份标准》。《早期教育专业教师身份标准》主要包含八大标准,以确保幼儿享有高质量保教服务。其八大标准包括:帮助0~5岁婴幼儿健康成长与发展;同幼儿家庭紧密合作,加强与其他教育机构合作;保障并增进幼儿福祉;积极鼓励幼儿进步;善于观察和评价儿童,以满足每个幼儿个性化需要;根据幼儿个体差异制定计划;严格履行幼儿教师职业职责;引领儿童树立不断进取的信念。2014年,英国重新制定幼儿教师资格制度。中学毕业生参加专业培训,修完规定课程,参加全国综合统一考试,通过者可获得学前教师资格,进入早期教育机构任职。大学毕业生通过认证机构学习,获得全职学前教师资格,可直接就职。普通教学委员会定期评价幼儿教师,鉴定其是否达到专业标准。2009年9月,法国教育部发布第32号公报,明确提出幼师职业标准:具有职业道德和责任感;具有良好文化素养、深厚文学功底;具有较强沟通与合作能力、专业教学能力;了解幼童个体差异和成长过程;正确掌握评价方式帮助幼童进步;等等。幼儿教师接受4年以上高等教育,取得本科学历甚至研究生学历,并参加教师招聘考试,由学区举办,政府择优录用。《公务员总章》规定公立幼儿教师属于国家公务员,与小学教师同属第一阶段教师,两者可相互交换。从工作第5年至退休前5年,幼儿教师有权带薪接受累计1学年的继续教育。幼儿教师定期接受职后考核，鉴定其是否达到职业标准。日本与英、法幼儿教师准入原则相似，其具有独特的资格证书等级、录取体系。幼儿教师申请者可通过职前培养和在职进修，获取幼儿教师资格证书。幼儿教师资格证书分为普通资格证书、临时资格证书。普通资格证书分为专修资格证书、一种资格证书、二种资格证书，全国通用。专修资格证书资格要求：具备学前教育专业硕士研究生学历；拥有一种资格证书，在幼儿园工作一定年限，修满在职进修课程、学分，达到研究生水平，并经教育职员检定考试合格者。一种资格证书资格要求：具备学前教育专业学士学位；拥有二种资格证书，在幼儿园工作一定年限，修满在职进修课程、学分，达到本科生水平，并经教育职员检定考试合格者。二种资格证书资格要求：学前教育大专毕业生；拥有临时资格证书，在幼儿园工作一定年限，修满在职进修课程、学分，达到大专生水平，并经教育职员检定考试合格者。临时资格证书资格要求：参加幼儿园教师选拔考试，由都道府县举办，经教育职员检定考试合格的高中毕业生，适用范围仅限于都道府县。日本实施教师资格证书更新制度，《教育职员资格证书法》第9条规定，普通资格证和临时资格证有效期分别为10年和3年。教师资格证书是成为幼儿教师的最基本条件。想成为真正的幼儿教师，必须参加幼儿教师招聘考试。《教育公务员特例法》第 11 条规定，利用考试方式选拔公立学校校长、教师。日本都道府县举行幼儿教师招聘考试，至少进行两次选拔考试。第一次考试合格者可参加第二次考试。通过第二次考试者，即成为后备教师。根据用人单位实际情况、候选者通勤等综合情况，政府进行派遣。考试成绩有效期限为 1 年，如果 1 年以内未被录用，重新参加下一次选拔考试。

二　虐童入刑，虐童预防与干预的法治化

针对虐待儿童行为，发达国家建立虐童预防与干预的法治化体系。健全儿童虐待强制报告体系，动员社会各界力量共同干预，整合有关部门职能，成立专门机构，以有效预防与干预虐童事件。规范儿童虐待受理、登记和调查程序，完善虐童案件司法程序，严厉监督与惩戒虐童罪犯。多途径救助受虐儿童，完善寄养和收养制度，培养专业工作队伍，为儿童提供全方位保护。

2015 年，美国国会修订《儿童虐待防止和处罚法》（*Child Abuse Prevention and Treatment Act*，CAPTA）。本法规定健全强制报告制度，加强共同监管。本法规定同儿童经常接触人员，其有义务报告虐童现象。"经常接触人员"是指社工、教职工、医生、保姆、验尸官、执法人员。报告标准简单，一个人有理由相信或怀疑儿童正遭受虐待，向儿童保护服务处报

告。在接到报告后，儿童保护服务处立即调查相关情况。有关人员未履行举报之义务，受到相应处罚，如罚金、监禁，甚至承担民事责任。为了鼓励行业人员报告，实行匿名举报制，免受专业保密责任制约，以保护通报人员。善意误报者可豁免其法律责任，严格保护其身份。本法规定建立儿童虐待中心，中心开展儿童研究，为从业人员提供培训资料，推动州资助项目信息交流中心建设。2010 年，美国国会通过《平价医保法案》。本法规定设立母婴期家访制度，以防范虐待儿童事件。1997 年，美国国会通过《收养和安全家庭法案》（ASFA）。本法规定实施受虐儿童收养激励机制，儿童福利局制定儿童自由收养程序。1984 年，美国国会通过《儿童保护法案》。本法案规定根据情节轻重，制定处罚措施，具体处罚措施由各州决定。对于虐童情节轻微，父母接受教育，暂时剥夺其 10 天至 15 天监护权，儿童保护服务处带走儿童，安置于亲属家庭、寄养家庭；重则判刑，剥夺父母终身监护权。最严重者面临终身监禁。为了进一步保护儿童，儿童福利局下设儿童保护服务处，专司负责虐童事件；设置 24 小时服务热线，接受儿童虐待报告。其基本流程：接线员判断报告是否符合虐童立案条件；社会工作者查阅已有档案，确定施虐者是否有施虐前科；在 24 小时内将相关资料传送给儿童福利局，并留存相关资料副本。同时调查员调查儿童、家庭，调查员与案件相关人员单独交流，判断儿童目前在家是否安全，是否需要紧急避难。虐待儿童证据不足，案件到此为止，仅记录此案件；有证据证明存在虐童行为，则进入司法程序，并转给社会工作者，由其决定下一步措施。根据儿童具体处境，儿童福利局作出如下决定：通过上门服务或非上门服务，确保儿童处于安全状态；在更严重状态下，可请求法庭下令禁止施虐者回家；在最严重状态下，可直接将儿童带离原家庭，将其安置于寄养家庭或小组家庭。除接线员、调查员和社会工作者外，儿童保护服务处包括：紧急行动员——儿童处于再次受虐时，紧急行动员负责解救儿童；审核与招募员——负责审核寄养和收养家庭，为必须离开原生家庭儿童寻找合适的替代家庭；宣传教导员——针对风险家庭提供专门服务，教会家长如何识别教训与虐待，提高父母对虐童问题的认识，提供相应预防措施；律师——负责代理受虐儿童诉讼，应对施虐方挑战。目前，美国有 40 万名儿童受益于儿童保护服务处。美国疾病预防控制中心（CDC）设立犯罪预防处，犯罪预防处成立专门小组，负责儿童虐待工作，每年公布虐童数据，分析虐童危险因素。CDC 开展虐童防控项目，致力于从根源上进行防控。CDC 倡导实施儿童虐待干预，其干预方法主要有三点。（1）儿童—家庭中心项目（Child-Parent Centers）。该项目要求家长参与，强调以孩子为中心，开展社会认知发展的个性化疗法。该项目实验表明，参与儿童受虐率下降了 52%。（2）护士—家庭伙伴关系项目（Nurse-Family Partnership）。这是一个护士家访项目，针对低收入家庭、新生儿父母，干预时间从孕前到孩子两岁。鼓励家长形成健康生活方式，教会其养育技能，并引导其与社区服务部门联系。（3）健康家教项目（Positive Parenting Program）。健康家教项目是一个多层次项目，由美国疾病控制和预防中心投资，帮助家长养育儿童。美国卫生与公共服务部将4月设定为"全国防止儿童虐待月"（Child Abuse Prevention Month），将5月设定为"全国家庭帮扶月"（National Scholarship Month），旨在宣传儿童利益和权益保护。

2011年，日本国会修订《儿童福利法》。第25条规定，公民发现虐童行为及时向儿童相谈所报告，协助调查。第28条规定，剥夺施虐父母两年监护权，受虐儿童、亲戚、检察官、实际照顾者可向家庭裁判所提出剥夺父母监护权要求。家庭裁判所批准后，有权申请受虐儿童保护设施。第29条规定，相关机构及时调查问题家庭、教育机构。第33条规定，在未获得监护人同意条件下，可保护受虐儿童。2012年8月22日，日本国会修订《儿童虐待防止法》。第3条规定，禁止任何人虐待儿童。第4条规定，为了及时发现受虐儿童，应加强相关机构与民间团体合作，完善防止儿童虐待体制。"相关机构"是指儿童相谈所、福利事务所、保健所、市町村保健中心、儿童委员、儿童福利设施、家庭裁判所、学校、教育委员会、警察、医疗机构、人权拥护机关、精神保健福利中心、教育相谈中心、社会教育设施等。第5条规定，学校教职员、医师、护士、律师、其他人员，及时发现受虐儿童。"其他人员"是指儿童委员、警察职员、人权拥护委员、精神保健福利相谈员、母子相谈员、妇人相谈员、家庭裁判所调查官等。第6条规定，公民发现虐童行为，迅速向福利事务所、儿童相谈所报告。第10条规定，儿童相谈所收到虐童报告后，迅速确认儿童是否安全，予以暂时保护。儿童相谈所暂时保护儿童时，遭遇保护者物理抵抗，可向警察署长寻求援助。确定儿童受虐待时，都道府县知事应介入调查；调查虐童事件时，遭遇保护者物理反抗，可向警察署长寻求援助。为了构建虐童防范网，日本政府成立专门机构，加强各界信息互通，建立集预防、干预和惩治为一体的立体防范网。日本东京成立虐童防治中心，统计儿童虐待信息情报。日本成立"儿童虐待思考协会"，以儿童虐待为题材，制成漫画，向志愿者介绍虐童工作现状。各地非营利组织设立儿童访谈热线，同儿科医生、心理医生、社会工作者联网，及时倾听虐待儿童举报，及时解决育儿困难。此外，日本各地经常举办防止虐童的讲座、研讨会、报告会、经验交流会等。2015年，日本政府将虐童举报电话设置为"189"，让举报变得容易。

韩国是虐童刑罚力度较重的国家。2014年9月29日，韩国国会通过《儿童虐待犯罪处罚特例法》。本法规定公民发现虐待儿童行为，立即向有关机构报案。在接收虐童罪犯申报后，在尊重受虐儿童意愿范围内，公职人员可将儿童送往保护机构。父母虐待子女，检察官可向法院申请剥夺其监护权。儿童服务从业者虐待儿童，将从重惩处，并禁止10年以内从事教育职业。教育机构负责人隐匿虐童实情，处2年以下有期徒刑，并处1000万韩元以下罚款。虐待儿童致残者处3年以上有期徒刑，处5000万韩元以下罚款。虐待儿童致死者将处无期徒刑。虐童罪犯接受200个小时以上的再犯预防教育。2015年，韩国国会修订《婴幼儿保育法》。本法规定全国幼儿教育场所普及监控系统，社会监督幼儿园活动，杜绝幼儿园虐童事件。幼儿园发生虐童事件，关闭停业整顿。2016年3月7日，韩国国会修订《儿童福祉法》，强化受虐儿童保护措施，防止二次虐待，加强监管施虐监护人。本法规定"儿童"是指未满18岁的未成年。本法规定在受虐儿童回归家庭前，其家庭须达到受虐儿童归家条件。施虐家长想让受虐儿童回家，必须向自治团体申请，自治团体听取儿童福祉机关意见后，决定是否让受虐儿童返回家庭。儿童监护人配合相关约谈、教育、心理治疗，无正当理由一律不准缺席。在受虐儿童按程序返回家庭后，监护人须接受家访或电话访问，抽查其虐童行为是否复发，监护人不可阻挠回访。为了根治社会频发的虐童顽疾，韩国各部门加强合作。韩国设立"防止虐待儿童中心"，从医疗、福利、法律层面采取综合措施，及时处理儿童施暴问题。为了尽早发现虐待儿童问题线索，学校强化管理机能，学生精神健康支援中心与 WE 中心合作。与此同时，韩国政府设立国家儿童受虐网络平台，一旦老师发现虐童现象，并提供儿童受虐线索，防止虐待儿童中心将立即核实，及时介入。

德国采用"家庭服务模式"，防范虐童事件。该模式以家庭为中心，以提供服务、资助形式干预父母虐待儿童。例如，当儿童未获得良好休息、教育时，青少年福利局准许社会救助机构介入其家庭，提供广泛而有力的家庭支持服务，以减少司法机构直接介入。2011 年 10 月 27 日，德国国会通过《联邦儿童保护法》。本法案规定，幼儿园发生儿童虐待事件，幼儿园负责人应立即上报监督部门。青少年福利局掌握儿童受虐线索，定期家访，以监督风险家庭。在掌握儿童受虐线索后，医生、心理学家可不受"保守秘密义务"约束，向青少年福利局报告。统一儿童救助机构标准，满足上述标准，可获得公共资助。本法规定向问题家庭派遣接受过专业培训的家庭护工，向准父母、新生儿父母提供定向帮助，加强其育儿能力。2008 年 12 月 10 日，德国国会通过《儿童救助法》。本法规定父母首要义务为养育子女，儿童面临危险时，父母、监护人及时给予儿童更好保护，避免用暴力解决家庭冲突，为儿童健康成长营造安全环境。《德国刑法》第 171 条规定，对未满 16 岁者，监护人未履行监护职责和教养义务，损害儿童身心健康，或致使儿童犯罪或卖淫，判为违背监护义务罪，处 3 年以下自由刑或罚金刑。

　　法国更倾向于司法干预。《法国民法典》规定在儿童处于受虐困境时，儿童法庭可进行司法干预。根据虐童案情不同，儿童法庭同检察官、儿童救助管理局采取相应救助措施。具体救助措施如下：（1）直接交付儿童法庭进行裁判，由法官裁决。对于情节严重的虐童事件，采取司法安置、司法协助，帮助儿童摆脱困境。其中，司法安置设寄养和看护方式，按照法律规定和实际情况决定采用哪种方式。对于情节轻微未损害儿童权益的案件，不采取措施。（2）将案件交予公诉人（检察官）。作为公诉人，检察官具有独立性。经过检察官研究和评估，根据情况决定是否起诉。（3）将案件汇报给儿童救助管理局。儿童虐待案件构成犯罪，由检察官处理。儿童虐待案件未构成犯罪，儿童救助管理局进行研究和评估，将评估报告上交总领事会会议。根据实际情况，决定是否采取预防性措施。在家庭同意的情况下，采取行政保护措施。除司法干预外，法国设立儿童救助管理局，负责儿童虐待防治工作，并遵循以儿童利益为中心的基本原则。儿童救助管理局下设两个部门：受虐儿童保护热线 119、受虐儿童观察台。儿童救助管理局通过多种渠道，搜集全国受虐儿童信息。学校、儿童保健机构、医院和医生、警察、邻居获知儿童正处于受虐状态，可拨打儿童保护热线 119。接线员负责筛选来电，其确认为求助电话，根据情况转给相关部门处理，紧急情况由接线员直接联系警察局、检察官，尽快将受虐儿童与其所在家庭隔离。在儿童场所，将电话放置于醒目之处，并设有标识提示儿童可拨打，以便发挥预防性作用。

2007年，芬兰国会修订《儿童福利法》。第1条规定，"儿童"是指16岁以下的人，儿童有权享有健康安全的成长环境，享有特殊保护权利。本法规定家长、幼儿园、儿童福利部门开展合作，共同促进儿童健康成长；父母、地方政府履行保护儿童职责，父母、监护人按照《儿童监护与访问权法》，保障儿童全面发展与福利，相关公共机构协助父母养育儿童。2005年9月1日，芬兰设置儿童监察员，其职责：（1）评估儿童权利实现情况，监测儿童生活状况；（2）监测立法和公共决策，评估其对儿童福利的影响；（3）通过倡议、建议和指导等方式，推动儿童事务公共决策，并实现儿童利益最大化；（4）与儿童保持联系，将信息转达给决策者；（5）推动儿童事务参与者之间的合作；（6）将儿童信息传递给儿童工作者、地方政府；（7）以各种方式促进儿童权利公约的执行。

三　清晰界定儿童虐待定义，
细化儿童虐待类型

发达国家清晰界定儿童虐待定义，细化儿童虐待类型。基于国情差异，美国、英国、日本、澳大利亚略有不同。

　　1999 年，世界卫生组织发表《儿童虐待预防咨询报告》，指出儿童虐待是在一定权利、责任、信任关系下，对儿童进行身体虐待、情感虐待、性虐待、疏失或其他形式的虐待行为。2015 年，美国国会修订《儿童虐待预防和处理法案》，指出"儿童虐待"是指父母或照管者对儿童实施身体虐待、性虐待、心理虐待、疏失的行为。对于身体虐待、性虐待、心理虐待、疏失儿童行为，美国各州存在不同界定。为了更好地识别儿童虐待，英国将儿童虐待概念进行了细化。

　　2015 年 3 月，英国教育部出台《共同努力保护儿童——部门间合作以保护和促进儿童福利指南》（*Working Together to Safeguard Children：A Guide to Inter-agency Working to Safeguard and Promote the Welfare of Children*），细化儿童虐待概念。儿童虐待分为身体虐待、情感虐待、性虐待和疏失。（1）身体虐待。身体虐待包括打击、摇晃、扔、投毒、烧伤、烫伤、溺水、窒息，父母或照管者蓄意导致儿童生病，以其他方式致使儿童身体受伤。（2）情感虐待。情感虐待影响儿童情感发展，情感虐待是指嘲笑儿童，讽刺儿童，否定儿童价值，蓄意减少儿童表达观点的机会，让儿童看见或听到虐童事件。（3）性虐待。性虐待是指引诱儿童参与性行为，性行为分为身体接触、非接触性行为。身体接触包括强奸、口交、手淫、接吻、隔着衣服抚摸。非接触性行为指让儿童观看性视频，利用儿童制造性图像，观看性行为。（4）疏失。疏失是指未满足孩子生理需要、心理需要，严重损害儿童健康。疏失可因母亲怀孕期间药物滥用而发生。父母、监护人未做下列事项，可构成疏失：提供合适的食物、衣服和住所；保护儿童免受生理或心理伤害；做好实时全程监督；确保儿童获得适当医疗。日本、澳大利亚将虐童定位于家庭虐待。

2012年8月22日，日本国会修订《儿童虐待防止法》。第2条规定，儿童虐待是指保护者对监护儿童（未满18岁者为儿童）实施以下行为：伤害儿童身体；猥亵儿童；给予儿童变质食品，故意减少儿童食量，妨碍其身体正常发育，监护人的同居者实施所列行为时，监护人对此置之不理；谩骂儿童，夫妻暴力、同居者暴力危害儿童生命健康，伤害儿童心理健康的言行。日本儿童虐待分为以下十种类型：母亲虐待型、单亲家庭型、父亲暴力型、母亲育儿疲劳型、育儿知识缺乏型、母亲抑郁封闭儿童型、父母期望过高型、受性虐待母亲不保护型、父母情绪不稳定型、失望父母与任性孩子型。2004年，澳大利亚国会通过《儿童和青少年保护法》。第8条规定本法目的：（1）父母履行监护职责和养育义务，保护儿童和青少年权益；（2）儿童和青少年服务机构为儿童提供全方位服务，营造良好成长环境，促进儿童健康成长；（3）在父母履行养育义务时，提供适当援助，创造

安全环境。第 23 条规定，儿童虐待是指：（1）未满足儿童
生理与心理需求；（2）父母、监护人未安排儿童接受相应
医疗；（3）儿童或青少年遭受身体虐待、性虐待；（4）家
庭暴力给儿童带来心理创伤；（5）父母、其他照管人对待
儿童或青少年的行为方式，使其遭受严重心理伤害；（6）让
儿童接触色情物品。

图书在版编目（CIP）数据

2017 年国外教育法治动态 / 王云龙主编. -- 北京：
社会科学文献出版社，2018.11
ISBN 978 - 7 - 5201 - 3545 - 0

Ⅰ.①2… Ⅱ.①王… Ⅲ.①教育法 - 研究 - 国外 -
2017 Ⅳ.①D912.160.4

中国版本图书馆 CIP 数据核字（2018）第 220799 号

2017 年国外教育法治动态

主　　编 / 王云龙

出 版 人 / 谢寿光
项目统筹 / 高振华
责任编辑 / 高振华　李蓉蓉

出　　版 / 社会科学文献出版社·区域发展出版中心（010）59367143
　　　　　　地址：北京市北三环中路甲 29 号院华龙大厦　邮编：100029
　　　　　　网址：www.ssap.com.cn
发　　行 / 市场营销中心（010）59367081　59367018
印　　装 / 三河市龙林印务有限公司

规　　格 / 开本：787mm×1092mm　1/16
　　　　　　印张：12.5　字数：123 千字
版　　次 / 2018 年 11 月第 1 版　2018 年 11 月第 1 次印刷
书　　号 / ISBN 978 - 7 - 5201 - 3545 - 0
定　　价 / 69.00 元

本书如有印装质量问题，请与读者服务中心（010 - 59367028）联系